悦 读 丛 书
媒介与大众文化系列

浙江省社科联社科普及及课题成果
21KPWT03ZD-4YB

新闻的价值

媒介技术与新闻专业主义

刘亚娟 著

ZHEJIANG UNIVERSITY PRESS
浙江大学出版社
·杭州·

图书在版编目（CIP）数据

新闻的价值：媒介技术与新闻专业主义 / 刘亚娟著
. -- 杭州：浙江大学出版社，2023.11
ISBN 978-7-308-24279-0

Ⅰ. ①新… Ⅱ. ①刘… Ⅲ. ①传播媒介－研究②新闻
工作者－职业道德－研究 Ⅳ. ①G206.2②G214

中国国家版本馆CIP数据核字(2023)第191786号

新闻的价值：媒介技术与新闻专业主义
XINWEN DE JIAZHI: MEIJIE JISHU YU XINWEN ZHUANYE ZHUYI

刘亚娟　著

丛书策划	徐　婵	
责任编辑	钱济平	
责任校对	朱卓娜	
责任印制	范洪法	
封面设计	violet	
出版发行	浙江大学出版社	
	（杭州市天目山路148号　　邮政编码　310007）	
	（网址：http://www.zjupress.com）	
排　　版	杭州林智广告有限公司	
印　　刷	杭州钱江彩色印务有限公司	
开　　本	710mm×1000mm　1/16	
印　　张	13.5	
字　　数	200千	
版 印 次	2023年11月第1版　2023年11月第1次印刷	
书　　号	ISBN 978-7-308-24279-0	
定　　价	70.00元	

媒介与大众文化系列科普丛书

总　序

一直以来，我们对大众文化的感知总是宏大而模糊的，它是音乐、电视、电影，也是某段时间的社会流行，还是群体共享的价值观，它似乎包罗万象，却又不可触及。在关于大众文化的诸多表达中，媒介文化是大众文化发展到一定阶段后出现的新型文化形式，涉及的领域十分庞杂，又依托新型网络技术，演化出无限丰富的内涵。这些新技术不仅融合了多种传播媒介，更创造出一个泛在的、多元化的媒介环境，在潜移默化中改变了大众文化的表现形态，调整了媒介与人类社会的关系。自此，大众文化不再是一个模糊空洞的术语，而是一种与新兴媒介共生的特殊生活方式。

清晨唤醒我们的可能不是晨曦鸟鸣，或是石英闹钟的嘀嘀嗒嗒，而是手机传出的自定义音乐。起身后，查看微信留言成了几乎所有人的习惯。从广播电视的早间新闻节目中获知天下大事已经太过滞后，人们开始习惯登录新浪微博、抖音或其他手机 App，看看身边发生了什么趣事、世界起了怎样的变化。而这样的"查看"会在一天剩下的碎片时间内上演很多次，成为下意识的肌肉行为。天各一方的朋友不必焦急期盼着见字如晤，一个视频电话就能让大家促膝长谈。而借着网络一线牵，内向的人不必再害怕社交，陌生人也能迅速热络起来。于是信箱里的报纸和信件消失了，快递柜里的网购包裹成就了每日的惊喜。操场上玩泥巴的小朋友不见了，虚拟世界里"开黑"联排的"战友们"增多了。纸和笔虽然未被弃用，但电脑等生产力工具成了人们的不二选择。唱片、磁带和录像带上都落了灰尘，剧场的时间难合心意，倒不如打开平板，戴上耳机，隔绝外界干扰，沉浸在一场场视听盛宴中……如果有个从 100 年前意外来到 2022 年的穿越者，他一定会惊讶于所看到的一切，但对于我们大多数人来说，这些与新媒介共生的情景稀松平常得如同吃饭饮水，白叟黄童皆享乐其间。

毋庸置疑，媒介文化已然渗透至日常生活的方方面面，以至于很多时候，我们很难跳出现有的视角审视和理解它所带来的巨大影响，甚至会忘记自身正处在一个由媒介环绕的世界中。也正是这种潜移默化的、沉浸式的生活体验，让媒介几乎主宰了我们每一天的心得体悟。

既然我们已经发现了媒介文化深刻融入现代人的生活方式，就需要继续讨论这种参与的价值及后续影响。社会化理论认为，人的一生都需要不断提高自身的社会化程度，学习生活技能和工作技能，培养沟通能力和思辨能力，内化社会主流价值观，以便更好地适应现在及未来的社会生活。个人的社会化不是刻意而为的教学，也没有限定场景，在个人与他人、个人与环境的交互中，社会化进程会自然而然地向前推进。美国传播学者查尔斯·赖特认为，现代人社会化的场景除了家庭、学校等人际交往圈层，还有特定的大众传播环境。除了社会化功能，环境监视、解释与规定，以及提供娱乐也是大众传播的重要功能，即媒介"四功能说"。换言之，媒介对个人生活的参与程度远比想象中的深远：它不仅提供了现代化生活方式的范例，还是我们愉悦自身、获得身份认同、内化社会价值观、感知所处环境并做出恰当回应的关键场景。

这样的关键场景正随着大数据、5G、AI 等新网络技术的更迭发展而扩大，赋予了媒介文化更强劲的生命力。人们的生活方式和社会认知模式不断更新，迫使各行各业自我变革以适应时代发展，新产业、新业态层出不穷，提升了我们的生活创新力。无论是年轻人还是银发族，都越来越离不开媒介带来的全新体验，甚至主动参与到媒介文化传播中，以满足在工作、生活、精神娱乐等方面的独特需求，媒介文化也由此重塑了我们思考、沟通和交往的方式。也就是在这样的紧密相连中，媒介与我们的关系出现了一定程度的扭曲。

看不见的网络通过一个个数字信号拉近了人与人之间的距离，却悄无声息地异化了正常的社交距离和尺度。海量的网络信息使人们足不出户便可领略广袤世界，却也在潜移默化间禁锢了人们的视野。一些严肃讨论日渐娱乐化，思想碰撞退化为非理性诡辩，以热爱限制自由，以立场判定是非功过。庸俗的暗语和难懂的缩写如病毒般蔓延，暴戾逐渐填充网络空间。大概这就是为何有人以"娱乐至死"来总结当下，并将祸水源头归于网络文化兴盛吧。尤其当青少年成为网络文化的主要受众时，人们的担忧更增加了几分。青少年正处在生理心理急速发展、人际交往和外部环境交替变化的"风暴"期，时刻徘徊于矛盾与挑战间。由于媒介对日常生活的全方位浸染，他们不可避免地开始独立接触互联网和大众文化，甚至有时更把网络当作他们逃避现实世界的空间，只是他们的初级社会化进程尚未完成，未能形成独立思考、理性判断的能力，容易被各类网络事件误导。知悉了这些，对青少年群体媒介参与的正确引导就显得格外重要。

那么，在媒介文化传播与人类社会联系愈加紧密的今天，媒介文化应被视为人类进步的推力还是阻碍？不同年龄层的人们如何参与到媒介文化中？网络文化给他们带来了怎样的影响？我们又该如何面对网络中复杂的传播现象和事件？当越来越多的人开始思考这些问题时，本套媒介与大众文化系列丛书的出现恰逢其时。本套丛书力图通过揭示媒介文化的形成机制来引导读者认识复杂的文化现象，培养理论洞察力和批判能力，拓宽视野。本套丛书选择了 10 个人们日常关注并参与的话题，希望通过对具体个案的描述和分析，对传播学的基本理论做深入浅出的解读，帮助读者学会以传播学的视角辩证地思考周遭发生的事件，进而萌生对传播行业的兴趣。

浙江大学求是特聘教授

吴飞

目 录

序　章

　　新闻重要吗？有时候它真的很重要。2021年7月，台风"烟花"正在浙江省沿海肆虐盘旋。连日来风狂雨骤，气象部门通过新闻媒体预报了此次台风，并提醒民众非必要不外出，备足水和粮食。当笔者傍晚来到邻近的超市时，发现绿叶蔬菜、鸡蛋、豆腐这类食材已经被买空，柜台上孤零零地躺着几根黄瓜、胡萝卜和茄子，从超市出来的人，大都拎着纯净水和方便面。与抢购食物同样重要的是如何避免财产损失，有人行动得早，把车停到了市内商超的地上多层停车场，或者干脆停在高架桥上；有人行动得晚，市区没地方了，只能将车安置在市郊的机场停车场。因为台风，这座城市的进出港航班早已全面取消。人们需要知道城市的公共交通系统是否还在运作，大家通过什么方法知道相关信息呢？相信我们大部分人都会拿起手机去查找，包括但不限于"政府发布"的平台、地方电视台的官方社交账号，或是地铁、公交等部门的官方账号，又或是朋友圈。这些新闻是我们下一步行动和决策的参考。上述例子表明，民众需要从新闻中找到对自己有用的信息作为行动指导，以参与社会生活或避免在社会生活中受到损害，这是新闻存在的重要原因。

　　有人可能会反驳，你说的这些其实是信息，而非新闻。我只依赖"政府发布"即可，也不一定必须要新闻吧？这是不全面的。首先，我国新闻机构作为党和政府的喉舌，本就承担着传递政府信息的职能，同时也承担着解释、补充政府信息，监督政府机构的职责。其次，新闻和信息之间的界限正在消弭：这一方面是由于发布新闻的主体增加，另一方面是由于媒介技术发展。因此，我们不能想当然地要求广大民众准确区分出哪些信息是政府主体发布的，哪些是新闻机构发布的，哪些又是自媒体发布的，进而判断信息的准确性和全面性，这些工作应该由新闻媒体承担。总之，在此要强调的是，新闻依然是重要的且必须是客观存在的。回到上述例子中，自然灾害当前，如果希望大多数民众都能关注到林林总总的政府部门账号，从中梳理有效信息，这实在称不上是有效率的。这时候，最应该发挥作用的就是专业的新闻机构。

曾经，理想情况下，专业的新闻从业人员能够给众多信息排序，并按照重要程度、不同区域、不同人群而定向传播。曾经，理想情况下，专业的新闻能够依据传播形式的特点和传播速度的快慢，进行适应性的内容制作并向外发送。这是新闻比信息更应被彰显的原因。

当然，自然灾害是一个专业的科学领域，它需要调集政府气象部门、土地部门、治安部门、经济部门等多方面力量，需要汇集科学、管理、经济等多领域的系统行动。因此，作为媒体的信息源，必须是准确的；新闻信息的更新，必须是时时与各方面联动的；作为新闻报道的预案，必须是科学合理的；作为新闻的人文关怀，必须是符合伦理的，敬畏生命，尊重生命，也要保护记者的生命安全和心理健康。好的报道能够及时准确地阐明理由，直指人心，鼓舞士气；坏的报道可能传递错误，造成恐慌，引发民愤。这是专业新闻存在的原因。

所以说，跟信息相比，新闻是更可靠的，也是更专业的。

上面说的只是灾难事件新闻，事实上，我们每天看到的新闻是多种形式、多种内容的，它们扎扎实实地填满了民众的日常生活：有人命关天的，如 2020 年的世界新冠疫情、2021 年的郑州暴雨；但更多的是日常的，如政府新政、民生百态、文教体卫消息等。它们或许在重要性上不同，例如强台风和某个名人的绯闻，对生活的影响肯定是不同的，前者关乎身家性命，后者更多只是谈资。

不仅信息填满了生活，信息使用方式也占用了注意力：回想一下你在打开这本书之前手头做的事，是否跟手机或者电脑有关呢？拿起手机，解锁屏幕，然后点开任何一个App仿佛成为现代人的下意识动作，这个动作连接的都是信息，虽然可能距离你上次打开某个App不足5分钟，但你生怕错过了新消息：地球上哪个国家出现了灾难、事故，体育健儿奥运夺金，名人的婚丧嫁娶；失散多年的父子，历经千辛万苦得以重聚让人泪奔；复读12年，经历了13次高考，走不出高中的复读生让人感慨。悲恸的、兴奋的、意外的、预期的、惊爆眼球的、扼腕痛惜的、热泪盈眶的，一个个不同版本的故事元素被重新排列组合，以新闻的形式展现在我们面前，填满我们的生活。

新闻致力于将世界上最不寻常也最重要的事物展现在我们面前，六月飞霜、巨星陨落、台风登陆、暴雨突袭，确实是重要的关系到民生的事件。但是我们也看到，从用户的观感上回顾当今的大多数新闻，并没有那么美好，以至于新闻要么成了陈词滥调的代名词，要么就是空有标题的噱头。

在年轻人扎堆的二次元社区Bilibili网站（简称B站），有这样一群视频新闻账号："DS不下哼"[①] "UC震惊部搬运工"[②]（它们的名字几经更改），这些账号发布的主要内容就是其他平台的"惊奇"新闻。首先要申明，这种搬运转载是内容侵权行为。但针对其具体内容，我们不禁要思考，公众一边看新闻一边对新闻平台给出很低的社会评价，这是为什么？这些新闻有很大的搬运价值吗？恐怕不是，但它们至少标题都很"惊奇"，而且绝对不会在标题上告诉你答案，必须要看内容才知道。

"搬运新闻"的原因是人们在某个新闻推送里被特别的标题吸引，但是点击进去发现要下载新的App才能看全文，"不下载就不给看"[③]，用户被套路所以反感推送的平台。这反映了数字时代信息需求和供给的扭曲，看似是用户对标题党和互联网引流的不屑一顾，其实是我们身处无所不在的信息环境中，无法与之划清

---

① 作者注：域名 https://space.bilibili.com/396871298/。
② 作者注：域名 https://space.bilibili.com/124776921/。
③ 作者注：2022年4月，针对部分网站在用户浏览页面信息时被强制要求下载App等问题，工业和信息化部督促相关互联网企业进行整改。

界限，不得不一边唾弃故弄玄虚的"小编"，一边又被这些新闻标题挠痒痒似的勾着。

更有甚者，一些平台为了引流，推出阅读或者观看"返现"的活动。各位年轻的读者不妨去自己长辈的手机上看看，是不是有这类App。常见的方式是安装了某App后，每天观看一定数量的短视频，或者走路达到一定步数后，用户会得到一些金币奖励，这些奖励积攒到一定程度后可以提现，从几毛钱到十几块钱不等。

新闻App为什么要用这种活动吸引用户，是因为他们人好心善钱多吗？答案是否定的。他们是为了装机量和用户活跃度，因为这些指标代表了资本市场对这类企业的估值，代表了他们潜在的商业价值和广告价值。但这种价值在信息行业中，如果并非由于产品本身质量过硬，不是凭借及时、深度、多元的报道来吸引用户，而是通过标题党和返现聚拢人气，这就是虚假的人气积累，而且是一种不可持续的积累。平台要维持人气，要么生产出好的内容产品来留住用户，要么持续不断地使用奖金激励来"拉新"，并寄希望于新用户能够转化为活跃用户。但是，生产高质量的内容产品无疑需要大量投入，无论是加强原创，还是购买内容版权，抑或是吸引知名UGC①或OGC②入驻，都必须投入资金。而持续不断的"拉新"获客手段，同样需要前期的积累。广告商最为看重的用户行为数据，也可能因为这种"拉新"行为而受"误导"，因此市场上又出现了第三方数据调查机构。互联网市场培育了新兴业务，看似越来越繁荣，但是当流量商业模式被用在新闻领域，可能会出现大量耸人听闻的新闻。

看到这里，读者不禁要问，那我逃离新闻世界可以吗？答案是否定的。我们中的大多数人，一方面享受着网络空间带来的各种便利；另一方面却又迷茫地围观着纷繁复杂的信息反转，艰难地寻找着抚慰人心的情感。

---

① UGC, User-generated Content或用户原创内容。

② OGC（Occupationally-generated Content），即职业生产内容，其内容生产者是具备一定知识和专业背景的从业人士，他们从职业身份出发参与内容生产并获得报酬。有别于PGC（Professionally-generated Content，也称PPC, Professionally-produced Content），即专业生产内容、专家生产内容。引用自黄楚新，王丹丹.产消融合中的内容生产新机制[J].新闻与写作,2018（10）：13-18.

本书将分九章来探讨当前的新闻技术与新闻专业主义问题，试图描述当前技术条件下的新闻业态，回答新闻是否重要，如何才能专业的话题。

第一章界定了新闻和新闻业，回顾了新闻行业"专业规范"的由来，它是如何从一个外部要求向内部责任转化的过程，以及在数字时代专业性面临的严峻挑战。希望在阅读完此章后，读者能够理解新闻客观的复杂性，理解社会制度环境对新闻专业主义的造就与改造，理解当前的媒介技术与新闻专业主义之间的复杂互动。

第二章回顾了技术对新闻业的影响，从印刷术到计算机辅助报道，再到"云"上的新闻，这一系列变化对新闻事业产生了多方位且深刻的影响。在这一章里，我们着重分析媒介技术的发展特别是当代媒介技术对社会心理的影响——人们对空间的感知被时间取代，对速度的要求越来越高，技术造就了一批越来越没有耐心的读者和一些越来越追求"在网"而非"在场"的媒体报道者，对专业主义提出了挑战。

第三章和第四章介绍了媒介技术给新闻业实践带来的具体变革：记者专业性受到平台和算法的挑战，职业信念的建立更加困难，专业能力作为一种职业门槛被打破了；在线新闻生产形成了有别于传统媒体时代的新闻生产时空分配和流程规范，对新闻工作者的技能提出了新的要求。但在这里，我们要提醒读者注意的是，互联网新闻通过规范化的管理流程、反复灌输的革新观念，以及一定程度上的激励机制，完成了对组织文化的构建，同时在组织内部强化了资本主导者及读者的新闻审美趣味，在不断变化的过程中始终保持着快速跟进，可能产出大量浅薄的同质化内容，毁坏媒体公信力。

第五章围绕当前新闻生产领域的多元主体展开，回顾了平台化媒体的发展历程，特别是商业门户网站对新闻行业乃至中文互联网行业发展的影响，以便于读者能更方便地理解平台新闻业的运作模式，并着重分析了平台社会时代的算法公平、隐私和后真相问题。

第六章探讨了传播的权力观在数字时代的变化，作为第五权力的网络舆论的确具有弥补第四权力不足的作用，但第四权力和第五权力不是单纯的继承关系，也不是后者取代前者的竞争关系。相比较而言，第四权力的拥有者如何保持独立性，在第五权力彰显的背景下透彻地认识网络社会，理解第五权力拥有者的认知心理和文化心理，从而保持对社会公共利益的关注与维护，或许才是在三种权力之外谈论其他权力的意义所在。

第七章将视角从行业/事件转移到了"人"这一主体上。从媒体人到媒体从业者的称谓变化，体现了新闻工作者取得职业合法性的媒体形象正在弱化，跟媒体相关的工作本身反而得到了强调。面对新闻商业环境的变化，传统媒体的把关权渐失，在职业获得感降低和生存压力下，媒体人出现了几轮离职潮，他们中的一些人推动了新媒体变革，还有更多人已经不再从事新闻工作。如果我们从"专业新闻"的存在意义考虑这个现象，不禁让人忧虑：用户越来越难从作者层面区分哪些新闻值得信赖，什么样的新闻值得信赖。

第八章从人的互联网复现展开，介绍了虚拟现实在新闻领域的应用情况，涉及已经实现的数字虚拟人、各类沉浸式新闻报道，到元宇宙等未来新闻的想象空间。探讨了它在新闻专业领域可能产生的影响，特别是可能带来的负面影响，

第九章作为尾章，篇幅短小，因为我认为更多的观察有待于时间考验，但新闻作为一门学科需要专业性。同时，新闻专业有其独特性，技术主义不是当下问题的解药，但它应该被重视。互联网为所有人带来的唯一确定性的东西就是不确定性，互联网对所有人一视同仁的就是无限性。我们在这里既是用户，也是产品；既是符号，也是数据；既是生产者，也是消费者。

第一章　新闻的新闻：当我们谈论新闻专业时，我们在谈论什么

新闻也有新闻吗？对新闻业（journalism）本身的了解，是本书的起点。新闻之所以（how，why）成为新闻（news），它如何出现又如何与历史发生连接，就是新闻业要聊的话题。我们为什么要读这本书，为什么要花精力和时间去理解新闻专业主义，理解社会制度环境对媒介技术的造就与改造，理解当前的媒介技术与新闻专业主义之间的复杂互动，或者用更学术一些的词来说，建构与解构，就得以解释。

如果把新闻作为对象来看，关于新闻，我们了解多少？

如果把新闻作为一门专业来看，对于这门专业，我们了解多少？

当看到"主义"两个字时，我们脑海里直觉它是什么，是规范还是诉求，是具体还是宏观？所以新闻专业主义又是什么呢？

第一节　什么是新闻

据国内学者考证，"新闻"一词出现在我国日常口语与文字记载中的历史已经超过千年。[①]学界较为公认的是我国报纸的雏形出现在唐代，但"新闻"则出现在宋代，因为唐代作为报纸雏形的"邸报"，基本上没有采写的新闻，而是刊登皇帝的谕旨、大臣的奏折等政府公文。西方关于"新闻"一词的起源，有说是取north、

---

① 新闻学概论编写组.新闻学概论[M].2 版.北京:高等教育出版社,人民出版社,2020.

east、west 和 south 的第一个字母组成的，意味着从四方收集信息，虽然这只能作为一个通俗的说法来参考，但却能够帮助我们认识新闻的广泛性特点。同样，新闻（news）跟"新"（new）之间的延伸理解也很自然，所以综合来看，新闻＝新＋广，报闻所未闻，报见所未见，可能是我们对新闻最直观的一种理解方式。

而我们要谈新闻专业主义，必须在开篇就明确，我们的讨论更侧重 journalism 层面的含义。在这方面，本书与彭增军教授的观点一致，即要将新闻一词限定为专业主义新闻（professional journalism），在这里指的是以报纸为代表的传统新闻业（the news media）及其承载的新闻传统（journalistic tradition），包括价值、理念、伦理、操守等。[①]此外还需要说明的是，本书所探讨的新闻业不仅是报纸、广播和电视的新闻生产活动，还是以特定的专业价值、理念、伦理规则为指导进行的新闻生产活动。

因此，我们首先要了解什么是新闻业。从多个意义上讲，这是一个复杂的话题，虽然没有共识，但潘忠党和陆晔对于新闻的解释有助于我们厘清这个概念：新闻，当涉及知识生产的职业或行业时，意指新闻业；针对抽象的概念时，意指新闻学。新闻业是一种生产新闻的组织化的社会实践，这种社会实践生产大家共享的知识、信息，我们需要在这些共享的知识信息的基础上展开公共生活。对这种职业实践的理论解读，并强调文化意义上的伦理规范，就是我们所说的新闻学。[②]

尽管新闻的历史很长，但是对于新闻学或新闻业的研究并没有我们想象得那么久。1903 年（一说 1902 年），由商务印书馆刊行的日本松本君平的《新闻学》，被视为中国最早的新闻学译作。[③]黄天鹏认为："有清光绪二十八年（1902），商务印书馆刊行《新闻学》一书，为我国人知有新闻学之始。"[④]该书认为新闻在狭义上

---

① 彭增军.新闻业的救赎.北京：中国人民大学出版社，2018.
② 新闻的语境和危机：理论与方法[EB/OL].(2017-07-24)[2023-09-10].https://mp.weixin.qq.com/s/zXjByCkPeuEqUPxBG6mYdA.
③ 李开军.松本君平《新闻学》一书的汉译与影响[J].国际新闻界，2006,(1):70-73.
④ 黄天鹏.新闻学名论集[M].上海：上海联合书店，1930.

是指"新事实的报道"，是不包括观点（views）在内的。[①]

一、不得不说的"定义"

新闻既可以指代新近发生的新鲜事物，也可以指代一种内容呈现结果的"报道"。1924 年，由国人撰写的最早的教科书《新闻事业》中，徐宝璜认为：新闻乃大多数阅报人所注意之最近发生之事也。这个定义有两层含义：一是最近发生之事，旧闻非新闻；二是为大多数阅报人所注意之事，不仅要注意到受众对象的感兴趣程度，以保证报纸的销路，也不能偏向人群中的某一特殊类别，进而引发其他各界的不满。[②]当代新闻传播学者李良荣认为，在工作和日常生活中，存在着并行不悖的两种定义：一是新近发生事实的报道；二是新近事实变动的信息。这两个定义的共同点是都概括或反映了新闻的"真"和"新"这两个基本特点；区别则是去掉中间的限制性定语，变成新闻是（一种）报道（新闻定义 1），新闻是（一种）信息（新闻定义 2）。两种定义互为表里，在不同的场合各有不同的内涵和功能。[③]

可以看到，无论是近现代还是当代，对新闻的概念都存在分述的思路，一个把新闻看作是报道，一个看作是事实，二者并不相悖——新闻既是对新近发生的事件的报道，也是新近变动的事实信息，前者为动词，后者为名词，在不同的语境场合下，可以通用。

各种定义中，最具有迷惑性也颇有争议的问题是，新闻中到底存不存在观点？因为观点涉及判断，一件事情是对是错，是得是失，是该赞美还是该鞭笞，既可能由新闻提供和展现的事实来决定，也可能是通过新闻的采写人员直接或间接的评论来展现。

我们先来举个例子，2021 年 7 月 26 日，《楚天都市报》官方账号极目新闻报道《关联 5 省 8 市已感染近百人，南京疫情何以至此？》，其中新近发生的新闻事

---

① 松本君平.新闻学[M].北京:中国传媒大学出版社,2018.
② 徐宝璜,胡愈之.新闻事业[M].上海:东方杂志社,1924.
③ 李良荣.新闻学概论[M].6 版.上海:复旦大学出版社,2018.

实包括——7月25日，南京市举行新闻发布会宣布，自21日南京市启动第一轮全员核酸检测，到24日24时，共发现57例阳性。算上外溢5省7地的10例病例，南京本轮疫情关联感染者已近百人。新闻标题中"疫情何以至此？"，这句话明确包含了判断——本不应该至此，为了表明这种判断的由来，记者采访调查了以下事实来表现判断（观点）：

早在21日，官方发布的第1号通告中就**明确**写道：确需离宁者，需持有48小时内核酸检测阴性证明（自7月21日0时起实施）。

同样在21日发布的第3号通告则**进一步**指出，通过公路驾车离宁的司乘人员应持有48小时内核酸检测阴性证明。

但直到25日7时许，在南京市域各高速公路及市域边界的68处"离宁查验点"**才正式设立**，对经公路驾乘车辆离宁人员进行核酸阴性证明和健康码查验，因此，查验是"滞后"的。

此外，包括健康码和核酸检测在内的防疫措施，也在执行上**存在一些问题**，这些因素共同导致了"疫情发展至此"。

请注意这些用词"早在、明确、同样、进一步、但直到、才（正式设立）"，其实在表达隐含的评价，而"存在一些问题"则已属于隐晦的批评了。

除了以上事实外，记者还在文章中提供了专家的评价，这种评价就显得更为直接一些：

武汉大学流行病与卫生统计学专家宇传华教授在接受《健康时报》采访时表示："一是，部分人有放松疫情防控心理。认为国内已经很安全了，打了疫苗不会再感染，加上天气炎热，戴口罩、保持社交距离、勤洗手的基本防控措施有松懈。二是，机场、货运码头等国际口岸是新冠病例与新冠病毒重要的境外输入来源，除人传人以外，很多货物，甚至空气也可以携带病毒并传播给人。这次南京机场客舱保洁感染不排除在机舱清扫时没有戴好口罩。"①

这则报道体现了当涉及行政的公众评价时，典型的新闻处理方法——不直接批评，专家也说得相对温和，分析了可能存在的漏洞。但再往下分析，若造成迟滞查验、健康码和核酸检测混乱现象的原因是人为的，受众的内心其实已经形成了评价，在这则新闻下面，网友"zhaoboman12345"评论道：

南京一开始对疫情的严重性考虑不到位。疫情的控制应该是超前的，机场里有就应该扩大范围，街道有就应该整个区都先封控，不能被确诊的地区牵着鼻子走，确诊了才封控，已经晚了！南京的交通流动性太大了！

这说明，在看完这则报道后，受众实际上在心里已经有了明确判断。

因此，一般来讲，除了特别简短的报道，新闻都或多或少，或明晰或隐含地存在着观点的表达，这种观点的表达当然不是只有结论，而是应该有分析的论据和过程。

与此同时，新闻很多时候并不新，这也是个必须要明确的话题。人类上千年的发展历史长河中，很多故事都有着原型：

2019 年 6 月开始，德国汉诺威医学院的精神科医生克里斯滕·穆勒-瓦尔（Kirsten Muller-Vahl）开始接诊一些奇怪的病症，这个病的学名叫作图雷特综合征（Tourette's syndrome），主要症状表现为患者身体不由自主地抽动（抖肩膀、甩头、眨眼、做怪相），突然发出怪叫声（清喉咙、嘟囔、大吼大叫、说脏话），严重者甚至会做出自我伤害的举动。克里斯滕接诊的这些患者的症状奇特且极为相似，但与典型的图雷特综合征有很大不同。有一天，她的一个学生说在网上看到过这

---

① 关联 5 省 8 市已感染近百人，南京疫情何以至此？[EB/OL].(2021-07-26)[2023-09-10].http://baijiahao.baidu.com/s?id=1706311509409633695.

样的症状视频，有一些网红在YouTube上开设频道记录自己患有图雷特综合征的日常。德国网红扬·齐默尔曼（Jan Zimmermann），在视频中表现出的症状，和克里斯滕医生的患者们基本一样。克里斯滕认为，齐默尔曼确实患有中度的图雷特综合征，但他的大部分抽动是有自主意识的。克里斯滕询问之前的患者，有没有看过齐默尔曼的视频，所有人都说看过，有的人还是他的粉丝。克里斯滕认为这批患者患有的是功能性运动障碍，一种无法控制肢体的心理疾病，而不是图雷特综合征这种脑部问题。青春期女孩们看到网红的症状，误以为自己也患病，在焦虑之下，真的发展出行动障碍。医生治疗的方式也仅仅是心理咨询，这些患者后来都渐渐康复。①

乍看起来，这确是一条新闻，因为医生发现了此前没有的症状病例，并且找到了发病机制治好了这些患者。但是我下面再给大家看一条新闻：

2006年夏天，人们发现在虚拟世界Whyville里有超过100万名的孩童感染一种叫Whypox的病毒，让他们身上出现红色斑纹，同时在与朋友聊天时不停地"哈啾"。Whyville成立于1999年，是在线学习的虚拟平台，截至2006年用户已经增长到160万人。在Whyville虚拟世界里面，孩子们不仅可以从活动和游戏中学习新知，可以用虚拟货币购买饰物来装扮原来普通的账号形象，同时还可以通过即时聊天、告示板以及邮件系统来互动。"当虚拟的病毒Whypox出现时，他们会不由自主地说着'哈啾'，聊天过程也会大受影响。于是他们便会对于这是什么现象，以及如何解决感兴趣。"这个病毒之所以会兴起，是因为当时在Whyville的疾病控制中心，老师刚刚教六年级的小朋友了解传染病学。②

---

① 德国年轻女孩集体爆发怪病，摇头晃脑口吐怪声……都因为看了个网红的视频？ [EB/OL].(2021-09-06)[2023-09-10].https://www.163.com/dy/article/GJ8GMLCK051484S5.html.

② 特别报道：未来的教室就是虚拟世界？ [EB/OL].(2006-06-27)[2023-09-10].http://digi.it.sohu.com/20060627/n243961578.shtml.

虚拟世界里传播的病毒，可以不通过物理介质传播让物理世界的人有反应。发生在 2019 年的新闻和 2006 年的新闻，两者相差了 13 年，但它们的故事内核极为类似。

我们还看过众多类似的新闻：英勇救人的英雄，十恶不赦的元凶，感恩报答的善念，忘恩负义的背叛，但依旧会在每个新故事里或兴奋，或哀伤，或谴责，或褒扬，我们的心也随之起起伏伏，这就是新闻的魅力。从某种意义上说，这样的新闻跟剧作类似，好莱坞把它们叫作故事创作的模板或者公式。

二、进一步理解概念的"性质"

新闻应该也必须是准确的、信息来源明确的、尽可能完整的、公正和客观的、简洁而重点突出的、写作上乘的，这是国内外大多数新闻报道与写作教材中给记者提出的报道要求。但实践中要做到这些并不容易，特别是其中的一些问题，至今争议不断。

比如**准确**是新闻业安身立命的根本，也是最重要的职业标准。从新闻学的角度看，准确性是指媒体所报道的事实和新闻事实发生的社会环境和具体环境，呈现出整体的"真实"，而不是就某一片段进行描述的断章取义式报道。

而**客观和公正**就更难拿捏，客观是指无偏见地、公平地、超然地对事实进行报道，呈现给人们的是意见的自由市场，而用户可以决定什么样的观点是好的，自己支持或反对何种观点。客观真实同准确一样包含两个层面的含义：首先，新闻内容必须绝对真实存在，不能演绎编造；其次，需要将事件置于社会情景中。面对不同问题，每个人的看法观点感受不同，不客观的报道或者只体现一方的看法，忽略另外一方的观点；或者只报道事情的一部分，而对前因后果有意隐瞒，或因为调查采访不足而忽略。公正则主要指以公正的手段获取信息。**客观和公正是新闻业长久争论不休的两个话题，但也正是这两者使新闻业发展出专业主义的基本问题。**

从新闻的整体过程分析，前期包括了发掘新闻并通过媒体（如报纸、广播或网络）告诉受众发生了什么事件，后期包括读者对信息的过滤，并形成自己的理解。①美国学者塔奇曼（Gaye Tuchman）提出的新闻框架说（news as frame）表达了类似的观点——塔奇曼认为，新闻是人们了解世界的窗口，通过这个窗口，美国人了解自己，也了解他人，了解美国的制度、领袖人物以及美国的生活方式，同时也了解别的国家的情况。对于已经和正在城市化的地区，新闻是一种替代物，它替代了旧时走街串巷向公众通告消息的人，其功能就是告诉我们想知道、需要知道，以及应该知道的消息。②

但这是一种理想状态，同时也明确地揭示了新闻面临的挑战：一是记者如何确保报道是准确的、完整的、客观的、公正的；二是受众接触到新闻后，其理解的程度、角度、范围可能都不尽相同，这与个人的受教育背景、职业经历、家庭因素，甚至社会、文化和宗教因素等关系密切。此外，出于地缘政治等因素，专业主义的适用也存在"选择性"。传播学知名学者、国际传播学会会士、中国新闻史学会卓越学术奖获得者李金铨教授认为，在国际新闻中，记者以其本国的恒久价值为依归，总是有意无意以本国主流意识报道外国事件，新闻专业主义不适用于不友好的国家或与本国制度相反的国家。③

2015年，三八国际妇女节时，英国广播公司（BBC）拍摄的纪录片《印度的女儿》上映，该片当时豆瓣评分9.0，记录了2012年11月，23岁的医科学生在德里公交车上被轮奸和谋杀。纪录片的上映在印度引发了争议，因为纪录片中称印度"每22分钟发生一起强奸案"，把印度描绘成世界上的强奸之都。但批评者指出，根据2014年英格兰和威尔士官方犯罪调查，英国每年发生8.5万起强奸案，每6分钟一起。美国每年有1%的妇女受到性侵，每25秒就有一起。该片在德里试映时谈及了西方国家的强奸案发生情况，但是在正式上映版本中删掉了其他国家，只留下印度。④

---

① Harcup T. Journalism: Principles and practice[M]. Fourth edition. London: SAGE Publications Ltd, 2022.

② 塔奇曼.做新闻[M].麻争旗,刘笑盈,徐扬,译.北京:华夏出版社,2008.

③ 李金铨.传播纵横:历史脉络与全球视野[M].北京:社会科学文献出版社,2019.

④ Why to blacken India on rape do they have to omit the facts? (N/OL). (2015-03-14) [2023-09-10]. https://www.telegraph.co.uk/comment/11472416/Why-to-blacken-India-on-rape-do-they-have-to-omit-the-facts.html.

　　还是BBC，2021年5月，英国前资深法官约翰·戴森（John Dyson）发布了一份报告，这份报告显示，在25年前，也就是1996年，BBC记者马丁·巴希尔（Martin Bashir）为采访戴安娜王妃（下简称戴妃），使用欺骗的手法，接近戴妃的弟弟斯宾塞伯爵，获得专访戴妃的机会。在这个采访中，戴妃披露了卡米拉女士是她和查尔斯王子婚姻中的"第三者"，承认了她与詹姆斯·休伊特（James Hewitt）的婚外情，还谈及她与暴食症、产后抑郁和自残的抗争。当年有2300万名英国观众观看了这期节目，不久后，英女王下令戴妃与查尔斯离婚。这个专访引发的涟漪不断——采访播出两年后戴妃在媒体追逐中遭遇车祸离世，痛失母亲的威廉与哈里王子选择对媒体退避三舍，而哈里王子则似乎在此后取代了他母亲，其叛逆、婚姻和出走为媒体制造源源不断的话题。记者通过欺骗的手段来接近被访者，不考虑采访播出后可能给被访者带来的悲剧性后果，就是我们所说的公正的问题。这里的公正，不仅是对受众公正，也是对被访者公正。该调查报告一出，巴希尔辞职，BBC老板道歉，威廉王子与哈里王子严厉谴责BBC，给BBC带来了其历史上第三次严重的信任危机，足见"新闻公正"在英国观众心目中的地位。要知道，BBC是全球最知名的公共广播电视机构。上述两个例子，一个是国际新闻，一个是英国本土新闻，能充分说明，在有着近百年悠久历史的媒体机构中，即便有完备甚至烦琐的编辑准则，但客观和主观因素交织，外界和内部力量交叠，使得公正和客观都似乎很难实现。

　　综上，新闻之所以能成为新闻的诸多特性，例如反差、稀少、灾害等，一方面引发了公众的兴趣；另一方面也可能导致不准确、不公正、不客观等问题，引发人们的批评。所以，关于新闻应该更专业的呼吁就出现了。

第二节　呼之欲出的专业主义

　　正因为社会各界对新闻业的客观、公正有着这样或那样的批评，而新闻业也确实在某些方面的表现不尽如人意，建立行业规范就成为有识之士的共识，新闻专业主义呼之欲出，当然其中也少不了经济方面的考量——为了能让报纸卖得更多，广告更多。应该说，是所有这些复杂因素共同促成了新闻专业主义的产生并塑造了其发展历程。

一、黄色新闻烟幕下的新闻业

所谓黄色新闻，是指新闻业采用煽情和耸人听闻的手法，大量刊登暴力、色情、犯罪新闻。这种风气最早出现在"便士报"时期，也就是 1830 年前后。顾名思义，"便士报"卖得非常便宜，以货币最小单位——便士为单价，目标群体就是美国的劳动阶层，它用大量文学性的内容来吸引读者。19 世纪中期，"便士报"与"政党报"竞争激烈，"党派性"成为两者互相指摘的焦点，因此报界提出了"不偏不倚"（impartiality）的原则，这可以看作是专业主义的萌芽。但后来报界逐渐在内容中加上了犯罪和上流社会丑闻，在商业上取得了巨大成功，成为一种商业模式被大量复制。到了 19 世纪 80 年代和 90 年代，"便士报"发展为黄色新闻，"煽色腥"（sensationalism）问题突出，对此，批评者们提出的"不偏不倚"又演化为了"客观性"原则[①]，进一步为专业规范的形成奠定了基础。

有关黄色的来源有几种不同说法，其中一种是《霍根小巷》（Hogan's Alley）的漫画专栏。身着黄色长衫、大耳朵、没有头发、牙齿稀疏的小孩子是漫画的主角，被称为"黄孩子"，他整天游荡在城市，漫画以他的口吻讲述耸人听闻的内容。"黄孩子"最初在约瑟夫·普利策（Joseph Pulitzer）创办的《纽约世界报》（New York World）刊登，他的竞争对手——威廉·伦道夫·赫斯特（William Randolph Hearst）创办的《纽约新闻报》（New York Journal）为了争夺读者，将"黄孩子"的创作者挖角过去。普利策又另请人继续以"黄孩子"为主角进行创作，两者之间的竞争也就形成了黄色新闻浪潮的开端。也有人说，黄色新闻之所以叫黄色新闻，是因为印刷这类报纸时，采用的是最廉价劣质的黄色纸张，在英文中，yellow 一词还有粗制滥造和廉价的含义。不论是形式还是内容，黄色新闻在今天看起来都是一个质量低下的

---

① Iggers J. Good news, bad news: Journalism ethics and the public interest[M]. London: Routledge, 2018.

代名词。但恰又是这种模式吸引了大量的读者，引发了报界的黄色新闻浪潮。还有一个值得注意的细节，这里提到的普利策，就是普利策新闻奖的创始人，可能很多读者都对这个奖项有所耳闻，却不承想他也在报刊史上留下这样一段历史。

整个社会对黄色新闻的褒贬不一，正如普利策所说，"我想与整个美国对话，而不是一些被选出来的委员会"。有人认为黄色新闻提供了一种区别于精英话语的另类公共空间，也有人认为它降低了新闻业的水准。一位纽约报界批评家甚至认为报纸已成为"公众和个人不道德生活的下水道"，渲染"丑恶、犯罪、灾难以及人类的弱点，煽情是它的主导原则"。他警告说，这股污水正在使公众道德下降，无人能够幸免。[①]1889 年，严肃报人埃德温·劳伦斯·戈德金（Edwin Lawrence Codkin）这样形容黄色新闻泛滥现象：在任何一个基督教国家中，一家黄色报馆在气氛上大概是最像地狱的地方了。因为没有一个地方能比黄色报馆更适合把一个青年训练成永远遭人唾骂的人。[②]

黄色新闻的转折出现在 20 世纪初，1901 年后，普利策厌倦了这种方式，逐渐取消了《纽约世界报》中的黄色内容，引导它向高雅方向迈进。[③]赫斯特却越走越远，不仅以煽情手段诱发美西战争，还于 1901 年在《纽约新闻报》上公开煽动刺杀总统麦金莱（William McKinley，1843 年 1 月 29 日—1901 年 9 月 14 日，第 25 任美国总统）。同年 9 月，麦金莱遇刺身亡，从凶手的口袋里搜出这份《纽约新闻报》。赫斯特随即遭到社会舆论的严厉谴责，读者和公共图书馆等纷纷抵制《纽约新闻报》，报纸销量大跌。1906 年，赫斯特不得不将《纽约新闻报》改为《美国人报》。

二、自律且专业成为共识

有鉴于黄色新闻竞争下的乱象，新闻出版业发展"专业主义"范式就显得十分

---

① 刘建明,等.西方媒介批评史[M].福州:福建人民出版社,2007.
② 埃默里.美国新闻史:大众传播媒介解释史[M].9 版.展江,等译.北京:中国人民大学出版社,2009.
③ 刘建明,等.西方媒介批评史[M].福州:福建人民出版社,2007.

迫切，有关新闻自律的讨论如"客观性"与"社会责任论"就开始了。尽管目的可能不同，但是新闻自律的讨论及形成的伦理规约（规范），都让新闻变得更加专业。

专业性是伴随着现代社会逐步出现的，区别于君权神授等宗教和自然法则，现代社会的一个重要特征是赋予个人权利，在行使权利的过程中，理性必须要发挥作用，自然人变成了理性的社会人，使得专业性得以彰显。社会形成了对知识、专业技能的普遍认可。因此，新闻行业的专业性开始显现，并且在欧美国家的发展中起到了重要作用，新闻行业作为"第四阶层"逐渐崛起并掌握了巨大的话语权。1908 年，美国第一所新闻学院——密苏里大学新闻学院成立。该学院旨在培养报业专业人才，提高新闻水平。

话说回来，尽管各界对黄色新闻批评不断，但政府并未出面进行干预。同时，战争期间的政治角逐也带来诸多伦理问题，进一步促进了报业专业规范的形成。报业的不良竞争引发了黄色新闻潮，内容品质每况愈下，引发社会信誉危机，反过来又影响报业的经济利益。因此，改革黄色新闻，改善新闻品质，可以看作是报业对产品质量的提升，以此来获取经济利益。这使得专业规范形成，专业教育出现，行业变得成熟。

与黄色新闻末路相并行，美国专业主义报纸出现了，这一阶段的代表是《纽约时报》。"只刊登适合刊登的新闻"是他们的口号，《纽约时报》的走廊里刻着当年创始人奥克斯的报训"公正地报道新闻，不畏惧或不偏私，不卷入任何政党、派别和利益之中"[1]。一些报纸开始在内部确立规范，新闻自律出现了。新闻自律是新闻从业人员的专业伦理，是对职业道德准则的恪守，对自身职业行为的自我规范。

在这种社会背景下，密苏里大学新闻学院起草了《报人守则》。1923 年，美国报纸编辑协会（The American Society of Newspaper Editors）[2]发布了首个新闻业自律规范《报人守则》（Canons of Journalism）。1926 年，美国职业新闻工作者协会参考上述条例，订立了《伦理守则》，这两个准则均经过了多次修改沿袭至今。1947

---

[1] 刘亚娟. 百国新闻伦理规约英文文献研究[D]. 北京：中央民族大学，2010.
[2] 作者注：简称 ASNE，1922 年成立。

年，美国哈钦斯委员会出版了《一个自由而负责的新闻界》（*A Free and Responsible Press*），伴随着 20 世纪 70 年代美国越战、水门事件等政治活动对报业形成了巨大冲击，新闻伦理规范受到广泛关注。

同时，我们也必须注意到，技术的发展提供了更快、更多的新闻。在快速的新闻生产模式下，报界原本鲜明的"立场"模式开始逐渐被"信息"模式取代。也就是说，新闻的客观性进一步加强，因为单纯的信息提供速度更快，争议更小，风险更低。

总之，有关新闻自律、规范和专业的议题是伴随着"客观性"与"社会责任论"开始的，目的是应对新闻业内部和外部的危机，是西方社会情境下政治经济需求的综合产物。

三、新闻专业主义基本原则

了解了新闻专业主义产生的背景，下一步我们需要弄清新闻专业主义是什么？之所以使用"基本原则"而不是"定义"或者"概念"，是因为迄今为止，关于新闻专业主义该如何界定，仍未有统一答案。新闻专业主义出现在 20 世纪初的美国，有学者总结新闻专业主义的三个维度：分别是自治、独特的专业规范和公共服务取向。

吴飞教授在《新闻专业主义研究》中总结了当今的典型观点：有一些学者强调"客观性"和"追求真理"的职业理念，有一些学者引入了"自由度"问题，也有不少学者将"社会责任"看作新闻专业主义理念的核心元素。有人认为，新闻专业主义是一种职业意识形态，也有学者视新闻专业主义为管理者进行职业控制的话语策略。[①]总结以上观点，客观性和社会责任论是最主要的两种取向。

（一）客观性与认知图式

第一个观点是以"客观性"和"追求真理"为职业理念的新闻专业主义。提出

---

① 吴飞.新闻专业主义研究[M].北京:中国人民大学出版社,2009.

这个观点的迈克尔·舒德森（Michael Schudson）教授，其实是在探讨新闻业发展历史时，回答了客观性的起源、作为记者为何要维护客观性、如何维护客观性三个问题。如前所述，客观性并不是从报纸创立之初就受到重视的问题。至少在便士报时期、政党报刊时期、黄色新闻时期，新闻界都不考虑这个问题。

有人认为，报界之所以会出现"客观性"的转变，媒介技术驱动是重要原因——电报技术和新闻通讯社出现。1835年，查理·哈瓦斯（Charles-Louis Havas）在法国巴黎创办了世界上第一个通讯社——哈瓦斯通讯社（Agence Havas），把欧洲其他国家的信息用电报向巴黎传递。1837年，美国人莫尔斯（Samule Finley Morse）发明了电报机，1848年电报技术向公众开放，就在同年，纽约6家报社达成一项合作采集新闻的协议，组成港口新闻联合社，后来又吸收一些其他报社，发展成美国第一大通讯社——美联社。[①]形式上，通讯社包括传递国际信息的国际新闻社，特定信息类型的商业经济信息社、体育社等。对那些没有条件在国外设立记者办事处的报纸，采用通讯社发布的内容是一种更高效的方式；作为信息批发商，通讯社的速度和效率就更重要了，比起各种党派报纸的观点，核心事实显然更容易被选择、被传播。

但是媒介社会学者舒德森认为客观性理念的出现跟技术的关系不大。他认为通讯社确实可能会带来客观报道，但这关乎通讯社的运营和发展，所以电报技术未必能直接影响报纸的市场。另外，就算美联社日渐发展壮大，也没有将客观报道固定为新闻业的规范，煽情主义和讲故事仍然是新闻报道的主流，故事模式相比信息模式还是更有市场竞争力。舒德森认为，新闻理念的变化是社会主导阶层文化变化导致的。

对于客观性主导的新闻专业主义理念，最难把握的是如何分清楚事实判断和价值判断。将信息和观点分开是很难做到的，因为记者来自大众，生活在大众之间，保证客观性成为一个难题。在法律和道德面前，律师会相信法律，但记者可能会更偏向道德。而且记者不仅为读者提供新闻，读者的关注度还直接影响报纸的销量和

---

① 张举玺.实用新闻理论教程[M].开封:河南大学出版社,2012.

广告收入，所以读者也是客户，记者不可能对客户的喜好、客户的水准视而不见。

　　总之，新闻报道很多时候是不客观的，比如前文所述BBC的几次重大信任危机。而且，新闻报道往往也很难客观，且不论政治、组织、经济等因素对新闻业的各种影响，单就公众的认知能力而言，要想做到不偏不倚就不容易。

　　新闻之所以出现各种反转、罗生门，除了记者调查不严、事件发展未明等因素外，认知能力也是一个很重要的因素：这一方面是指记者的认知难以掌握事件全貌，深入其本质；另一方面也指被访者的认知，没人能保证自己说的都是事实，"即使是目击者也不可能原原本本地再现事件的全貌"[①]。

　　科学家们为了弄清认知问题，在实验中让受试者读一些日常事件的描述，如去餐馆吃饭、去看牙医的基本步骤，然后进行回忆。研究发现，很多回忆都是阅读材料里未提供而受试者认为很典型的步骤。据此认为，回忆是基于"图式"（schema）的，具有建构性；也就是说，人类过去的经历并不是单个地储存在大脑中，而是形成了"有组织的集合"。"图式"的认知功能主要体现在以下三方面：第一，它使我们形成认知期待（expectations），让世界具有可预见性。第二，"图式"帮助人们在认知过程中不断进行推理（inferences），在阅读与倾听中自动填补空缺。第三，"图式"帮助我们理解视觉场景。在大部分情况下，我们的认知期待都会得到满足，图式得到不断的巩固。[②]

　　在新闻领域，新闻图式这一概念在过去20年间经历了受关注到趋于平淡的过程，虽然它有助于解释与信息处理相关的认知过程，但是概念的模糊性和模式的测量难度阻止了它成为更广泛使用的理论体系。[③]荷兰话语研究学者范迪克（Teun van Dijk）认为，新闻图式的生产受以下因素控制：（1）语境图式；（2）报道者图式；（3）

①　李普曼.公共舆论[M].阎克文,译.上海:上海人民出版社,2002.
②　邹涛编.叙事、记忆与自我[M].成都:电子科技大学出版社,2014.
③　Wicks R H. Schema theory and measurement in mass communication research: Theoretical and methodological issues in news information processing[J]. Annals of the International Communication Association, 1992, 15(1): 115-145.

报道的目标和计划；（4）读者的阅读图式；（5）生产语境的图式。[①] 国内学者刘程和安然的研究认为，除上述5种图式外，新闻话语的形成还受事件图式的控制和影响，是事件图式、话语/语境图式、心理图式、生产语境图式、受众的阅读图式等共同作用的结果。但各种图式在新闻话语形成过程中所起的作用并非完全一致。[②]

理论上来说，专业的记者必须通过走访，用证据材料来交叉印证采访对象的表述，不能只采用单一信源，才能在一定程度上保证准确和客观。这也对互联网时代新闻（尤其是一些软性新闻）大量使用用户生产内容（比如家庭监控视频等）提出了质疑，客观性可能随着匿名信息源的广泛使用被逐渐瓦解。

既然新闻是不客观的，也很难客观，那还要不要追求客观？

有一种观点认为新闻报道不必客观。[③] 另一种观点则认为要坚守客观，将其转化为一种客观报道态度来对待新闻工作，以一种公正、超然以及不含成见的态度来报道新闻。[④] 其核心方法是把事实和观点分开，也包括平衡、中立等日常实践。在此，我们不是要讨论平衡、中立与客观在实际操作中的细微区别是什么，也要放弃对认知存在图式的失望，因为这对解决问题并无益处。在认识到客观性具有局限的基础上，如果能够想办法去追求中立、平衡和公正，就可以看作是一种客观报道的态度。

（二）社会责任与新闻自由

第二个观点是有关自由度与社会责任。人类需要自由，但自由应建立在负责任和不伤害其他人利益的基础上。这种精神移植到新闻业中，就形成了关于新闻自由和新闻社会责任的观点。因为人是理性的，所以新闻界应该提供平台给人们进行讨论，鼓励人们理性思辨，同时相信真理在讨论中越辩越明，承担传媒对社

[①] Van Dijk T A. News as discourse[M]. London: Routledge, 2013.
[②] 刘程, 安然. 意识形态下的新闻图式：英国主流媒体对孔子学院的"选择性误读" [J]. 新闻界, 2014(6): 32-39.
[③] 吴飞. 新闻专业主义研究 [M]. 北京：中国人民大学出版社, 2009.
[④] 吴飞. 新闻专业主义研究 [M]. 北京：中国人民大学出版社, 2009.

会的责任。

在具体实施方面，作为参考，我们可以看一下美国新闻自由委员会提出的五项要求。①

1. 新闻传媒应该"将日常事件放置在报道脉络之中，提供真实的、广泛的、明晰的记录，使事件的意义在这样的脉络中得以彰显"。

2. 新闻媒介应该成为"交流和批评的论坛"。

3. 新闻业应该描绘"社会各个组成群体的典型图画"。

4. 新闻业应该"呈现并阐明社会的目标和价值观"。

5. 新闻业应该使人们"充分获得当天的信息"。

对这五条简要分析：第一层面，对信息的提供者，要求其信息是充分、新鲜、及时、准确、真实的。第二层面，具有更多的社会因素，比如需要使事件意义在脉络之中得以彰显，描绘社会各群体的典型图画，有意识地要求新闻从业者突破具体新闻事件本身，将其放在更广阔的时间和空间中分析、对比，给读者更加全面的信息甚至是判断。第三层面，要求新闻媒介担负起对社会有促进作用的责任，例如提供交流和批评的论坛，给予公众自由表达的机会，让观点在碰撞中得到明晰，对社会的目标和价值观进行固定。三者层层深入，对新闻媒体提出越来越复杂的挑战。

在实践中，责任论可以在某种程度上成为媒体的保护机制，同时也是不少媒体追求的社会价值，不能完全割裂来看。

四、当新闻专业主义面临解构

随着媒体技术特别是台式电脑和互联网的发展，20世纪90年代和21世纪初的记者面对一种吊诡的处境：媒体的科技聚合趋势促使媒体不断扩张，进而削弱单一记者的影响力；但同时，在网络上，记者、读者或者观众的影响力又增强不

---

① 吴飞.新闻专业主义研究[M].北京：中国人民大学出版社，2009.

少。① 比如很多人可能会关注某一媒体或某一类型的新闻，但并不会关注某一记者的报道作品；又有很多记者或编辑通过社交媒体成为"舆论意见领袖"或者"知名自媒体人"。如前文所述，新闻和信息之间的界限也越来越模糊，很多新闻生产者已经跳出了记者范围，学界用多元行动者（ANT）来描述他们。互联网技术消解了各种专业性，不仅是新闻业，其他很多行业，包括医生、律师都面临专业性挑战，否则也不会出现那么多"搜索看病，癌症起步"② 的荒诞例子。而且这个问题不只出现在一个国家或地区，《纽约时报》专栏作家布鲁尼（Frank Bruni）这样形容谷歌搜索对专家的威胁："也许互联网是能让我们所有人变聪明的，但实际上它却让我们很多人变愚蠢了，因为互联网不仅是好奇者的吸铁石，还是轻信者的落水坑。互联网把每个人都变成了即时专家。你有学位？呵呵，我有谷歌搜索！"③

所以，报纸时代的新闻专业主义话题，未必能够全部移植到数字媒体时代来，于是我们不得不回答一个问题：专业主义应该被坚持，还是应该被打破重构？这一问题应该从媒介技术对专业性的新要求和媒介技术带来的社会变化两个维度来看。

首先，可以确定的是每一种新媒介技术的出现，对专业提出的要求都不同：例如电视跟报纸就不太一样。报纸时代，记者一般使用文字来描述一个人的言行，有的还配图片来辅助报道；电视时代来临后，镜头放大了当事人的表现，冲击力更胜一筹。但这也带来诸多问题，比如"沙发土豆""娱乐至死"的批评。法国学者布尔迪厄(Pierre Bourdieu，1930—2002)专门写了一本小册子批评电视，说它招揽了大量的用户，但是传递的是千篇一律的公共信息，进而对政治文化产生影响，让新闻越来越趋同。④ 制造一种让人们目睹并相信的影像，随之带来社会动员。⑤

① 莫瑞尔.新闻伦理——存在主义的观点[M].周金福,译.台北:巨流图书,2003.
② 作者注：网友的戏谑之言，泛指当身体不适时通过搜索引擎查询病情，往往会出现令人啼笑皆非的结果，造成患者心理压力，误导患者。
③ 尼克尔斯.专家之死:反智主义的盛行及其影响[M].舒琦,译.北京:中信出版社,2019.
④ 布尔迪厄.关于电视[M].许钧,译.南京:南京大学出版社,2011.
⑤ 布尔迪厄.关于电视[M].许钧,译.南京:南京大学出版社,2011.

这也是群体极化现象（Group Polarization）发生的重要原因。群体极化是指团体成员一开始即有某些偏向，在商议后，人们朝偏向的方向继续移动，最后形成极端的观点。[①]群体的观点和态度比个体更趋向极端化。[②]

随着技术的发展，秉持新闻专业主义理念的新闻从业者，要面临的来自公众的挑战和批评更多，特别是互联网出现后，网络用户的意见更直接也更集中地给媒体反馈。相关研究指出：在网络中，群体极化现象大约是现实生活中的两倍多。[③]新闻业开始注意到，不仅自己发布的内容是舆情的重要构成因素，有时自己也是舆情的一部分。所以新闻业的任务不仅止于报道，而是在广泛的社会联系中对具体问题加以分析、调查和研究。

其次，数字新闻时代的到来，改变的不仅是传输技术，而是社会信息环境本身。新闻这个词的内涵很宽泛，在新闻前面加上"网络"或者"数字"二字就更复杂了。互联网创立之初秉持着开放、共享、合作的精神，当前互联网带来种种挑战，也打破了固有的社会规则。

例如媒介技术让人类的时间、空间概念发生了改变：时间呈现加速状态，物理空间位置消失；人类接收信息的方式、速度、期待和反馈都发生了变化。新闻从业者正是这一系列变化的最先感知者，他们工作生活的环境时时刻刻都在受这些因素的影响。互联网让更多元化的主体加入信息传播的过程，使普通民众有了更多成为新闻主角的机会，不仅是被报道对象，也可能是报道者、线索的发布者，或者社会舆论的重要推动者。这种变化促成了媒介场中新兴主体的多元化和第五权力的出现，除了让新闻业呈现更加丰富的外在表现，也在深刻地影响新闻业的运作规则并影响和决定其未来走向。再加上人工智能和大数据计算等互联网应用不断提供可替代性的产品和工具，新闻活动自动化成为现实，新闻业存在的根基和发展的基本路径，都需要被重新考量。

---

① 桑斯坦.网络共和国——网络社会中的民主问题[M].黄维明，译.上海：上海人民出版社，2006.

② Stoner J A F. A comparison of individual and group decisions involving risk[D]. Cambridge: Massachusetts Institute of Technology, 1961.

③ 华莱士.互联网心理学[M].谢影，苟建新，译.北京：中国轻工业出版社，2001.

　　当然，在全面打破规范之前，也要回看前人的定义重新审视新闻业，观察新闻业所处的社会环境和最新表现。

　　从定义看，可以将互联网新闻视为所有流动在互联网层面的新的信息，数字新闻是用电子形式展现的新闻内容，又或者是将新闻的文本用数字形式、通过电子设备展现给读者。从历史看，考察互联网新闻及行业出现的契机，当前学界有三种基本观点：一是以1969年现代计算机网络诞生为标志，这一年美国国防部的阿帕网（ARPANET，Advanced Research Projects Agency Network）运行；二是万维网（World Wide Web，也被称为全球广域网）的使用和发展，让互联网新闻成为现实；三是记者使用计算机辅助开展新闻报道。本书较为倾向于第二种，即万维网的使用和发展是互联网新闻的开始。正是由于万维网的出现，使新闻的制作、收集、传输、传播等各环节对互联网技术的使用更加充分。

　　在追溯历史和回顾研究的基础上，我们要强调的是：随着近年来互联网信息技术的发展，无论是互联网使用者还是互联网本身，都正在成为互联网新闻不可分割的一部分，日渐兴起的互联网新闻形态（例如微博、微信或其他自媒体等）正在消解传统媒体的"把关人"作用，媒体对渠道的控制能力被迅速削弱，互联网新闻的外延被扩大，伦理道德问题堪忧，社会影响复杂且隐性。所以，此时谈论数字新闻或者在线新闻是否要遵循新闻专业主义，就显得适时且必要。

第二章 颠倒众生：媒介技术与媒介感知的时空

网络上有一句话流传很广：从前，车马慢，书信远，一辈子只够做一件事，一生只够爱一个人。这句话当然不在于强调从前车马有多慢，而是一生只够爱一个人的美好情愫。但从媒介发展角度看，从车马慢、书信远到现在动动手指信息毫秒速达，媒介技术的发展的确给人们提供了跨越时空感知的可能，加速了信息的传播，跨越了地理的距离，让天涯若比邻。

第一节 技术与新闻事业

一、媒介技术与新闻事业

媒介技术的发展一直都是影响新闻事业发展的关键因素，也可以说，如果没有以沟通为目的的媒介技术，可能就不会有新闻事业，甚至不会有人类文明。正是由于邮政的发展，才使得科学家们可以通过信件交流思想，进而推动了人类科技的发展，比如莱布尼茨与牛顿之争。莱布尼茨（Gottfried Wilhelm Leibniz，1646—1716）是德国哲学家、数学家，他的研究领域涉及法学、力学、光学、语言学等40多个学科，被誉为17世纪的亚里士多德。莱布尼茨对数学问题的探讨，绝大部分都体现在通信中。莱布尼茨与瑞士数学家约翰·伯努利（Johann Bernoulli，1667—1748）从1694年开始通信，一直保持到1716年。在长达20余年的通信中，他们主要讨论了数学和物理学问题及其与形而上学的联系。①因为牛顿也在跟后者通信，三方是否在书信中谈及对微积分的研究进展，成为数学界争论的焦点，引发了莱布尼茨和牛顿的微积分发明权之争。

回到技术促进新闻事业的观点，国内大概有如下三种看法：第一种观点认为新闻事业诞生于德国人约翰·古登堡（Johannes Gutenberg，约 1397—1468）发明欧式活字印刷术之时，即 1450 年前后。②虽然中西方就印刷术的起源尚有争议，但学界普遍认同古登堡的铅字印刷给出版业带来了革命性变化。古登堡制造的铅活字印刷机使用金属铸成阳字模，在上面刻上反方向的图文，然后用阳字模去压制较软、可塑形的铜版，制成阴字模，之后用合金浇铸这些阴字模。这种方法的最大优点在于可以根据需要无限制地制造铅字。③第二种观点认为新闻事业诞生于17 世纪初，定期出版的印刷报纸问世之时。第三种观点认为新闻事业始于有机构行为的新闻生产传播活动。因为它的信息传播量、传播频率、传播速度和传播范围都达到了一定程度。④

第一种观点以新闻传播的生产力为切入点，认为从手抄新闻到印刷新闻的变化提高了生产力，使得新闻的复制速度加快，复制规模扩大。⑤第二种观点以新闻传播的频率为切入点，这一方面得益于上述印刷生产力的发展，新闻报纸必须能够定期出版，传播达到一定数量；另一方面与邮政事业的发展关系密切。第三种观点的切入点则是新闻事业的发展成熟。新闻事业成熟的标志，相关研究归纳起来有四个角度：（1）科技进步论，印刷方法的改进和印刷效率的提高、电报的适时发明等；（2）识字率提高论；（3）自然历史论，即报业和新闻事业是自然而然地向现代化演进的，没有必要解释现代化报纸的定义；（4）综合条件论，即人口增长、

---

① 徐传胜,刘靖国.莱布尼茨部分数学手稿探赜[J].西北大学学报自然科学版,2018,48(5): 755-760.
② 展江.守望公共领域[M].北京:新星出版社,2016.
③ 茨冈年科.世界图书出版与印刷博物馆[M].张养智,熊贵帆,高晶,等译.北京:文化发展出版社,2018.
④ 展展江.守望公共领域[M].北京:新星出版社,2016.
⑤ 再学科化:数字时代的新闻传播学"——首届全国出版学博士生学术论坛主旨报告系列之一[EB/OL].
　(2021-07-12)[2023-09-10].https://mp.weixin.qq.com/s/Cvi3-7WP5Ewl5wKMxhOtXg.

受教育水平和识字率提高，民主化的政府使大众对公共事务的兴趣提升，以及报纸的售价降低使穷人亦可以读报。这些是新闻业出现的原因。[①]无论是哪种切入点，印刷技术作为提高传播效率必不可少的生产力工具都是极为重要的。

但我们不能简单地认为，印刷技术只是影响了传播的速度和效率，而是应该看得更深远一些。同时，技术要得到应用和发展，也必须有相应的社会条件和经济基础。

印刷术使得复制的速度和成本降低，让书籍报纸等刊载了信息内容的产品可以广泛流通，而且培育了专门以印刷为生的群体。通过印刷能赚钱，依附在信息传播链条上的工作形成了职业群体，这对推进整个行业的发展来说非常重要。英文活字印刷的优势之一就是英文只需用 26 个字母进行排列组合，工人即使不认识字，也能很快组装，不需要花费大量时间去找字。此外，古登堡印刷术的发展还有经济因素驱动，在该技术发明之初，古登堡是赔钱的，比如他印刷《圣经》，因为全篇实在太长，印制周期也相应变长。《古登堡圣经》有据可查的印数在 145—180 本之间，有人认为，当时印这些书大概耗时三年。后来为了维持经营，古登堡印刷厂也接过赎罪券订单，其于 1454 年印制的“31 行赎罪券”，是目前所知最早有明确日期、采用古登堡活字印刷术的印刷品。[②]赎罪券的拉丁文是 indulgentia，意为“恩赐”，在罗马法中这个术语有“赦罪”或者“免税”的含义，印制赎罪券一直是印刷厂的热门生意。另外就是印出来如果没人看怎么办呢？民众的识字率低，印刷品卖不出去，印刷业就无法形成一个产业。在活字印刷之前，西方使用雕版印刷术。在 15 世纪以前欧洲的雕版印刷作品中，有两类最受欢迎，即装饰画和纸牌。有学者认为，相比于古登堡发明的印刷术，中国古代的活字印刷要求印刷工首先要识字。另外由于汉字的数量较多，页面排版花费的时间相应也很多，这阻碍了技术的发展。活字印刷和雕版印刷得以共同存在，因为活字排版效率可能跟雕版差不多，甚至不如雕版印刷。

---

① 展江.守望公共领域[M].北京:新星出版社,2016.

② 张笑宇.技术与文明,我们的时代与未来[M].北京:中信出版社,2021.

　　至此，我们应该能够理解在技术出现以后，要想得到应用和发展，也必须要有相应的社会条件和经济基础这个问题了。但是当技术一旦应用和铺开后，又会反过来对社会政治经济产生影响。对此，美国学者伊丽莎白·爱森斯坦（Elizabeth Eisenstein）在《作为变革动因的印刷机》（*The Printing Press as an Agent of Change*）中写道：

　　首先，印刷术使出版数以百计相同副本的书成为可能，而这些书又可以到处流通，这是开天辟地的首创。书的产量陡增使印刷所从忠实于抄书人转向如何方便读者，从而使整个出版的观念规则发生了变化，创生了一种新型的作坊结构。学者、作者之间的往来通过印刷所产生联系，成为名副其实的文化中心。印刷所吸引各种才俊的方式有利于各种"杂交"的思想成果，改变了学者的关系和思想体系的关系。其次，书籍形式，包括规整的页码、标点、分节符、页头书名、索引等，都有助于建构思想的框架，带来语言的标准化、典范化、纯洁化。最后，印刷术使阅读型公众开始崛起。他们不仅更加分散，而且相较于聆听型公众更加原子化和个性化。因而传统的社群意义被削弱了，对远方事务的间接参与却增多了，新的群体身份形式开始与原有的、比较地方化的忠诚者有了竞争。所以印刷术发明之前，文人还是一个新词。从这个意义上来看，印刷术的商业化使知识和知识人的等级成为一个普遍的社会等级。①

　　我强烈建议读者反复阅读这段话，它能回答在碎片化阅读盛行的今天，系统的知识学习和知识传播的必要性。这段论述阐明，印刷术的发展不仅是一项技术革命，更重要的是它对知识传播、知识规范、人际关系、社群关系等方方面面影响意义深远，直至今天我们依然受到印刷思维的影响。

---

① "再学科化：数字时代的新闻传播学"——首届全国出版学博士生学术论坛主旨报告系列之一[EB/OL].(2021-07-12)[2023-09-10].https://mp.weixin.qq.com/s/Cvi3-7WP5Ewl5wKMxhOtXg.

二、现代计算机技术发展与新闻事业

到了近现代，从电报到电话的发明，从黑白到彩色的电视机，从指令式的计算机代码输入到交互界面和互联网，全部在短短几十年间发展起来。相对于人类几千年的历史，近百年的科技发展变化超越了之前几千年的累积，除了社会相对稳定，工业革命等历史因素外，计算机网络极其巨大的涌现性[①]也是关键性因素。

人类一直对计算有着强烈的兴趣，从古老的算盘到自动计算器，具有科学精神的先驱们一直在探索。现代计算机技术发展为新闻事业插上了可以跨越时空的翅膀。

（一）计算机的发明

我们所说的计算机技术，其实指的是现代计算机技术，它的发明距今并不久远。20世纪40年代，由于军事上的需要，美国开始研制计算机。1946年2月15日，美国宾夕法尼亚大学莫尔学院成功研制了世界上一台计算机——ENIAC（阿尼埃克），意思是"电子数值积分计算机"（Electronic Numerical Integrator and Calculator）。计算机"初生"的样子跟今天的便携式或台式机可以说是天差地别。"阿尼埃克的主要元件是电子管，它占地近170平方米，自重30多吨。制造阿尼埃克时，人们使用了1500多个继电器，18800个电子管，70000多个电阻，100000多个电容。其功率为150千瓦，耗资40万美元。"[②]

---

① 涌现性：当一个实体被观察到具有其所有组成部分本身没有的属性时，就可以称为涌现（emergence）。这些属性或行为只有当各个部分在一个更广泛的整体中相互作用时才会涌现。例如社交网络，如果只有平台没有人，那就不能成为社交平台，必须要有人参与到平台交流中才能体现出社交属性。

② 杨新发.计算机文化基础教程Windows2000+Office2003[M].武汉:华中科技大学出版社,2005.

图 1　UNI VAC-I

　　但阿尼埃克的诞生，标志着现代电子数字计算机时代到来了。从 1946 年的阿尼埃克到 1951 年 UNIVAC 公司的 UNI VAC-I（参见图 1），5 年时间里美国就发展出了商用计算机。1958 年，RCA 推出了第一台全晶体管计算机 RCA 501（参见图 2）。1959 年，IBM 开发了第一台商用晶体管计算机，即十进制机器 IBM 7070（参见图 3）——第二代计算机出现了，它较第一代计算机的功耗更低，速度更快，计算也更加可靠了。1977 年，苹果公司制造了较早意义上的个人计算机 Apple Ⅱ（参见图 4）。1981 年，世界上第一台真正意义上的台式计算机 IBM 5150 出现（参见图 5），后面的事情读者们都知道了。我们现在看到的计算机，要么是巨型超级计算机，要么是微型台式或者便携式设备，同时一般都具有网络功能，在软件上向智能化和人性化发展。

图2 RCA 501

图3 IBM 7070

图 4　Apple Ⅱ

图 5　IBM 5150

（二）互联网的发明

1980年，蒂姆·伯纳斯-李（Tim Berners-Lee）萌生了构建万维网（World Wide Web）的设想，当时他在日内瓦的欧洲核子研究组织（CERN）担任独立承包人，他设想创建一个以超文本系统（Hypertext）为基础的项目以方便该组织的研究人员分享和更新信息。在整个系统里，一端分布在不同物理空间的文件、音像、图片、视频组织构成多媒体网页，存放在服务器上；另一端是用户的浏览器（Browser，同时也是网页编辑器），在网上将所需的网页列表展示在终端屏幕上，然后逐一登录这些网页，浏览、修改、下载或将自己的网页上传。1990 年 12 月 20 日，蒂姆·李开发出第一个浏览器，并建立了世界上最早的网页。蒂姆·李的这一设想催生了三项对互联网至关重要的技术发明：一是用于制作网页的标准语言 HTML（HyperText Markup Language）；二是网页传输和通信的标准 HTTP（HyperText Transfer Protocol）；三是俗话说的"网址"URL（Uniform Resource Locator）。1993 年，万维网对所有人免费开放，蒂姆·李一直坚持非营利原则，不申请专利，不收专利费，人人皆可使用，极大地促进了互联网的扩散和普及。

（三）交互界面的发展

从认识论的角度看，计算机界面的变化对新闻传播业发展起到了关键性的影响。

计算机界面经历了从指令性文本界面到图形用户界面（graphic user interface）的过程（如从 DOS 操作系统到 Windows 或 Mac OS）。这种界面设计的革命式发展，让使用者与计算机之间的互动有了根本性变革，从传播学的角度看，这种变化对媒介内容的传播和受众理解媒介内容的变革也是根本性的。以下图形分别代表了现代计算机出现后用户界面的变化。1981 年，微软买下 DOS 后将其提供给 IBM。简单来说，DOS 系统就是按照屏幕上的提示输入字符（数字或字母）。在图 6 中，选择 1，在 enter choice 中输入【1】，计算机接到指令后会按照 1 进行计算处理：创建 DOS 分区（create DOS partition）。同理，如果想要执行删除 DOS 分区（delete DOS partition）的操作，需要在下方输入【3】然后回车确认；如果想删除已输入内容，则需要在键盘上按下 ESC。这看起来很简单，但跟现在"所见即所得"的界面相比，它要求更多基本阅读参与和输入参与，界面也是单一的，恐怕很难让计算机爱好者之外的大众沉迷。

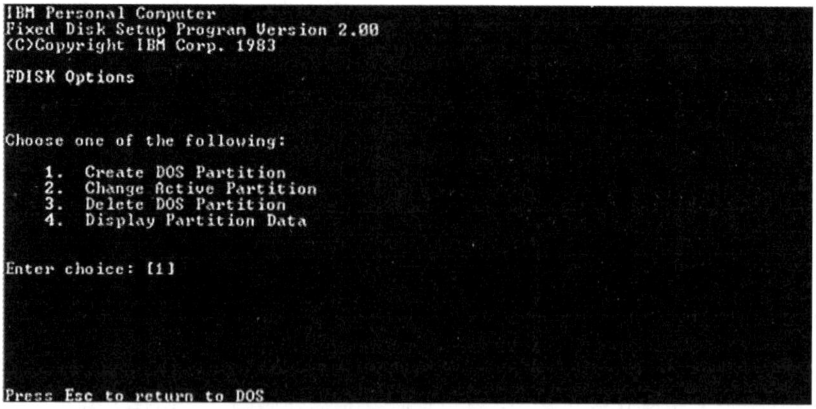

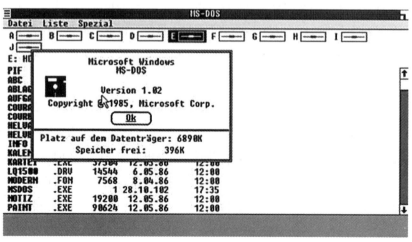

图6 1981年，微软买下DOS后将其提供给IBM，是PC操作系统的里程碑

　　图7是1985年首款DOS图形化界面Windows 1.0，图形化界面让用户通过鼠标或键盘和图形控件交互，在图中点击Ok即代表确认。同时，图形化界面也是一个多窗口、多任务的集成型界面（参见图8）。举例来说，多任务的共同运行，使用户能一边查资料一边听歌，一边写文章一边网上聊天。多线程的方式开始影响人类社会生活，提升了效率。

图7 1985年首款DOS图形化界面Windows 1.0发布

图 8　1981年的XeroxStar，图形化界面的真正创始者①

第二节　技术与时空观

作为一名教师，我在讲授"电视新闻采访"这门课时，反复向学生强调，出镜记者要在报道开头告诉电视机前的观众现在是什么时间，你在哪里，发生了什么事情。时间和地点对新闻很重要，必须说明。

但是，电子通信技术影响下的社会生活，对时间的挤压、重组已经突破了线性影响，向着更深层次发展。

现在的年轻人整日担忧自己的头发日渐稀少，开始了枸杞保温杯配熬夜套餐。他们有时是不能睡，因为"内卷"，竞争压力大；有时是不想睡，在公司忙碌一天，只有晚上的时间是自己的。从"不得不睡"，到"不能睡"，再到"不想睡"，反映了时间观念的变化。研究发现，自 19 世纪以来，人类睡眠时间平均减少了 2 个小

① 图 6 至图 8 来源："图说历史：PC行业最重要的 12 家公司" [EB/OL].(2008-07-11)[2023-09-10].http://tech.sina.com.cn/h/2008-07-11/1108729440.shtml.

时，自 1970 年以来减少了 30 分钟。2021 年初，央视报道了中国睡眠研究会发布的《睡眠调查报告》引发网友热议——超 3 亿中国人有睡眠障碍，其中晚 11 点后入睡占 75%，熬夜至凌晨 1 点的超过 30%。就睡眠时长来看，人均睡眠时间比 7 年前减少将近 2 小时。2020 年，中国人平均只睡 6.82 小时，90 后、00 后甚至只有 6.47 和 6.45 小时。在疫情发生后，人均入睡时间延迟了 2 至 3 小时。按理说，生活节奏加快，生活质量下降，会影响人们的生活满意度，但时间压力的负面影响被现代化进程的各种产出所抵消，又形成了一种"持续不断的"满意度模式，反过来再次促进时间压缩和加速，形成一种循环。①这意味着，在一辆高速运转的现代化汽车上，社会人不能叫停，也不会跳车，在生活质量满意度和时间自由上要想做出取舍，依旧是一个难题。

所以时间对人类而言到底意味着什么？它与媒介之间的关系是什么？

一、技术对时间的加速

作为时间加速的前提和后果，科学技术发展给传播带来的影响，可以用这样的例子来理解：以书写汉字为例，普通人一般每分钟可以写 40 个字左右，但是如果用键盘打字，我本人最快的输入速度是每分钟 109 字，专业人员会更多。单从速度来看，键盘输入效率比手写有了成倍增长。书信写好后需要装入信封，贴上邮资，再投入信筒，等着邮差将它送到收件人手中。电子邮件的出现简化了这些过程，只需在键盘输入后轻点鼠标确认发送，对方即刻就能收到邮件，做到了真正的随时随地随心。再比如，2011 年京沪高铁开通，北京到上海的行程时间由约 10 小时缩短到 5 小时，除了铺设专门的高铁轨道，牵引供电、通信等各领域的发展共同助力了这次提升。

运输，无论是实体的运输还是信号的传输，都变得更快。对此，法国哲学家维希留（Paul Virilio，1932—2018）提出了"竞速学"（dromologie）理论。他认为，速度是社会发展最根本的驱动力，人类从使用牛马到发明火车、汽车再到发明飞

---

① Garhammer M. Pace of life and enjoyment of life[J]. Journal of Happiness Studies, 2002(3): 217-256.

机等交通工具，由此产生了时空的压缩、转换及时空感知体系的变化。①这种科技的加速、社会变迁和生活步调的加速，被德国哲学家、社会学家哈特穆特·罗萨（Hartmut Rosa）称为"社会加速"，作为一种新异化的形式，罗萨对其进行了分析与批判。"异化"一词含有转让、疏远、脱离等意思。马克思认为，异化作为社会现象，与阶级一起产生，是人的物质生产与精神生产及其产品变成异己力量又反过来统治人的一种社会现象。②通俗来说，异化可以理解为人的自主性丧失，被自己掌握的技术、物质等影响。

在并不那么遥远的几十年前，夜晚没有娱乐生活和媒介环境干扰，人们过着日出而作日落而息的生活。人类一天 24 小时都被媒体填满的历史其实并不长，只不过是近 20 年的事情。以电视的出现为例：半机械式模拟电视系统最早出现在英国，英国公共广播公司（BBC）建立之初是以广播为主的，后来采用了这个系统开始播放电视节目。但 BBC 也不是持续运营的，在战争期间曾一度停止。1960年，美国家庭平均能收到 3 个电视台和 8 个电台，可以订阅报纸 1 份，杂志 3 ～ 4 种。③到了 2014 年，尼尔森收视率调查组织估算美国家庭平均可以收看到 189 个电视频道（比 2008 年的时候多了 60 个），经常收看的大概有 17 个频道。④

在中国，1958 年 5 月 1 日 19 时整，中央电视台前身北京电视台开始试播，最初是每周播 2 次，试播 4 个月后，1958 年 9 月 2 日，北京电视台正式播出，并增至每周 4 次（星期二、四、六、日各播一次）。过去每周二，电视台都会停播进行检修，电视机屏幕上出现的那个圆形马赛克图案，成为 20 世纪七八十年代这一代人的集体记忆。2017 年，国家广播电视总局的统计数据显示，中国有线电视实际用户 2.20 亿户，其中有线数字电视实际用户 1.98 亿户。广播节目综合人口覆盖率 98.71%，电视节目综合人口覆盖率为 99.07%。全年生产电视剧 310 部 13310 集、

---

① 新冠的隐喻 | 病毒"竞速学"，空间的"冻结"及流动的现代性 [EB/OL].(2020-03-17)[2023-09-10]. https://baijiahao.baidu.com/s?id=1661371845929538100.

② 金炳华.马克思主义哲学大辞典 [M].上海：上海辞书出版社,2003.

③ 尼克尔斯.专家之死:反智主义的盛行及其影响 [M].舒琦,译.北京:中信出版社,2019.

④ 尼克尔斯.专家之死:反智主义的盛行及其影响 [M].舒琦,译.北京:中信出版社,2019.

电视动画片 83599 分钟。全年生产故事影片 798 部，科教、纪录、动画和特种影片 172 部。也就是说，一年 365 天不停播出新剧，电视剧每天大约可以播 36.47 集，一天 24 小时不一定够用；电影每天可以播 2 部。这还不包含大量的新闻节目、民生服务类节目、综艺节目或者重播的电视剧。可以说，只要你想，媒体内容足够填满你生活的每一秒。

但是最近 10 年，电视台所面临的问题已经由内容不足变成了观众注意力的流失，人们的关注点由电视这种单一媒介逐渐转向流媒体和移动媒体，这一过程的发生与媒介技术、传播手段和速度、社会生活方式的改变息息相关。内容生产主体由传统媒体机构，变成了亿万个普通的、具有上网条件和上网设备的网民，互联网平台上的内容信息越来越多，变得海量、复杂，甚至有点拥挤。

以 Twitter 为例，截至 2014 年（近年 Twitter 没有更新数据），用户每分钟发送 35 万条推文，每天发送 5 亿条推文，每年 2000 亿条推文。同时，网络数据表明，全世界有超过 210 亿个索引网页，谷歌索引的资源定位符（URL）数量已超过 1 万亿条；谷歌扫描并编目了 1400 多万本书，并使其可被搜索；根据博客搜索引擎 Technorati 的年报，Technorati 自 2002 年起收录了超过 1 亿条博客记录；数字期刊 JSTOR 有来自 1000 多个出版商的 700 多万篇文章。①谷歌的藏书量可以媲美世界上许多国家的国家图书馆馆藏，但不再使用物理面积（例如多少平方米）来衡量，而以电子存储的容量来衡量。

二、技术对空间的重构

与时间一同变化的还有空间，以前我们衡量空间通常是使用距离单位，长、宽、高构成了我们的空间感知，但是现在时间维度也被考虑进去了，哥伦布航海和郑和下西洋时那种"不问归期"的距离感，变成了飞行多少个小时即可抵达的概念。空间在晚期现代世界失去了它的重要性，运作与发展不再定位于某处，并且

---

① 贝里，费格约德.数字人文:数字时代的知识与批判[M].王晓光,等译.大连:东北财经大学出版社,2019.

实际的地点，如旅馆、银行、大学，越来越变成一种"非地点"（non-lieux），亦即一种没有历史、特殊性或关联性的地方。①

现实生活中我们要怎么理解这句话呢？过去，人们不想自己动手做饭，可以去外面的铺子打包或者堂食，你与食物的距离是物理的。现在变成了手机下单后多久会送达，如果在一定时间范围内没有送达，你会觉得服务是有瑕疵的。外卖平台甚至还推出了延误险，如果没有按时送到，消费者可以向平台索赔。你与食物的距离变成了时间性的，餐厅已经不是地理位置概念，从餐厅做饭到你能吃上美味可口的食物变成了一个时间概念。

以往，如果人们想获得知识，要么买纸质书籍或者去图书馆借，要么就进入学校学习。但现在知识的来源变成了各种"百科"——百度百科、360百科、搜狗百科，学校、图书馆这类空间的地点和距离被模糊了，甚至被消灭了。学校的课程也可以在网上学习，甚至可以跨越不同国家和地区的界线，坐在家里就能访问世界名校的公开课程；图书馆里的书也能以电子版本在网上借阅：空间被时间和信息传输方式取代。

如果把眼光放得更长远一些，将物理因素再次考虑进去，互联网还向我们发出邀请和挑战，现代社会生活必须具有全球化视野。首先，科技的进步，传输距离与速度的提升，与物理世界息息相关。我们不能把时空变化看作是发生在一台电脑和一根网线中的简单过程，即使你看不到，从有线到无线，从2G、3G到4G，再到5G，每一次变化都是指数级的。其次，网络的传输需要通过海底的电缆，你用的电脑和手机与万里之外非洲的稀有矿产资源紧密相关，如果没有这些矿石的开采，科技进步的脚步将被大大拖慢。但这些矿石，也给非洲的发展中国家带来暴力和动荡，当地的武装组织为了控制这些矿产资源，将谋杀、勒索、大规模强奸作为一种预定策略来威胁和控制当地人口，这有助于他们掌握矿山、贸易路线和其他战略领域。对这些，虽然我们看不到却应该意识到，甚至反思，而不是心安理得地享受。

---

① 罗萨.新异化的诞生:社会加速批判理论大纲[M].郑作彧,译.上海:上海人民出版社,2018.

三、时空观与社会心理

我们还要考虑时间加速所引发的个人乃至群体心理认知的变化，这种变化是几何级的爆发性加速，是从传输速度到时空观念、心理状态的全面加速。手机刚出现时，人们用短信聊天，上 2G 网络，大家能够忍受长时间的页面加载。但是在 5G 时代，如果一个网页不是瞬间打开，你会怀疑自己是不是断网了，对速度的体验感和耐心程度改变了人们的时间观念。我们变得越来越心急。而当人们的观念、态度和价值衡量发生变化时，就形成了罗萨所言的社会的加速：变迁的速率使得态度和价值、时尚和生活风格、社会关系与义务、实践与惯习的形式，都在以持续增加的速度发生改变。

上文提到，现代计算机发展过程中图形化界面具有非常重要的意义，图形化界面开创了多任务的集成型系统。这种变化影响了人们的心理和行为，比如我们会一边上网一边听音乐，一边打电话一边看新闻，一边吃饭一边看手机，似乎如果我们不"一边……一边……"地做点什么事情，就浪费了宝贵的时间，不够有效率。但我们却忽略了一些事情必须要专心做，一些关系必须认真对待，比如对家人的关心往往可以从饭桌上的交谈开始，比如互相尊重的人际交往通常是从放下手机开始。

信息焦虑广泛而深刻地影响着我们。2019 年，苹果 CEO 库克接受媒体采访时也表示，自己每天都会拿起手机"大约 200 次"。200 次拿起手机意味着你正在做的事情遭到了 200 次打断。科学家认为，每一次中断思考后再回到原有状态，都至少需要 10 ～ 15 分钟，这造成效率降低和思维碎片化。卡斯特（Manuel Castells）将其总结为"互联网心智"的改变。认知的改变，不仅包括时空的重组、重叠、弯曲，数字时代的空间不是单纯地被压缩，而是形成一种可塑造、可重组、非线性的流动的空间，基于印刷所形成的心智系统，从古登堡星系、麦克卢汉星系"跳跃"至互联网星系。印刷时代的字母心智在数字技术影响下已经转变成一种互联网心智。①

多任务并行只是我们生活方式变化中非常小的一部分，科技对时间加速，时间对社会的加速远不止于此。比如，越来越多的流行歌曲开始以强旋律和快节奏取胜，说唱在中文领域风靡一时。大多数说唱歌词的文化意涵是较为浅显、互联网化的，高语言密度、低信息密度的，在同样的时间内，用这种方式表达情感更容易为人们所接受，也成为时间在我们文化中加速的一个隐喻。

再比如，我们换手机的频率、换工作的频率，都在无形中加速。换手机的原因无外乎运行速度减慢、电池不耐久或内存容量不够等几个原因，归结到底，还是在使用体验上。用户不愿再等待了，无法接受"慢"。工作方面，2021年职场社交平台领英（Linkedin）发布针对中国职场的调查报告显示，职场人第一份工作的平均在职时间呈现出随代际显著递减的趋势。70后的第一份工作平均超过4年才换，80后则是3年半，而90后骤减到19个月，95后更是平均在职7个月就选择辞职。②过去那种择一城择一行干到终老的情形正在逐渐消失。

在罗萨看来，科技加速和社会变迁加速必然会导致生活步调的加速。从主观方面来看，人们的时间体验感发生变化，觉得忙碌，有紧迫感和压力，一天时间转瞬即逝，本质还是人们担心会落伍，进而加速生活步调，习惯多线程地处理各种任务，或者喜欢变动来跟上时间的压缩。③而且新科技并不总是为我们赢得时间。比如我们利用计算机和电子邮件可以快速处理更多远程问题，以前打个电话就解决的事情，现在变成层层转发邮件确认，每天收发的邮件中，有多少本来可以不用被发送的呢？又或者明明打个电话就能解决的问题，一定要在微信里你一言我一语地讨论几个回合。事实也证明罗萨所言：比起网络世界发明之前，我们需要花在沟通事务上的时间更多了。这种加速观，也让人们不得不担心"世界上的能量消耗得越快，可能发生的事情也就越少，世界上所剩下的时间也就相应地越来

① 卡斯特.网络社会[M].周凯，译.北京：社会科学文献出版社，2009.
② 一年换7家公司，95后跳槽多疯[EB/OL].[2021-08-01](2023-09-10).https://mp.weixin.qq.com/s/fhwWGMQWCmFsn1MjO1p39A.
③ 罗萨.加速：现代社会中时间结构的改变[M].董璐，译.北京：北京大学出版社，2015.

越少了"①。

四、云上的一切乃至元宇宙

社会关系的远近与情感上的亲密程度，跟空间距离已经毫无关联，身边的邻居可能是完全的陌生人，远在世界另一端的某个人却是我们最亲密的伴侣。罗萨认为，空间上的邻近，对保持亲密的社会关系来说，不再是必要的。这点对人们的社会关系有很重要的影响，对社会世界结构来说也是。一个基础表现就是人们格外依赖沟通媒介，也就是格尔根（Kenneth Gergen）提出的"饱和的自我"概念："新科技让人维持着一个不断膨胀的人际关系——不论是直接关系还是间接关系，甚至已然达到了一种所谓的社会饱和状态。这种饱和状态的改变，不只是个人的事，而是会影响整个文化，缓慢累积，然后再一次爆发出来，让我们惊觉已经到这种地步了，已经回不到过去了……通过文化饱和度的不断提高，我们以前对自我的假设全部都动摇了。传统的关系模式变得好陌生，新的文化正在生成。"②

早在1903年，齐美尔在他关于大都会生活的思考当中，就已经注意到我们与太多人相遇、分离，沟通网络太过庞大，以至于我们对当中的所有人或至少大部分人，不太可能真正建立起情感关系。我们很少能遇到真正会陪伴我们一生的人。③

2020年的新冠疫情让这种情况有了很多明确的指向性例子，疫情中，线下的教学、工作转为线上、居家（式）的。在社会关系中，也出现了诸多新形态，比如日本的"远程同居"（云同居），恋人之间不再需要物理上的共同陪伴，而是转为线上，通过保持通话或视频，来维持恋爱关系。据说，年轻人之所以会选择云同居，不仅是因为疫情不能经常见面，也因为这样不用互相面对，时刻顾及对方的情绪。

线下的社会生活被移植到网络空间中，并形成自身的运行规则，所以在2021年下半年，关于元宇宙（metaverse）的讨论异常热烈。

---

① 里夫金,霍华德.熵,一种新的世界观[M].吕明,袁舟,译.上海:上海译文出版社,1987.

② Grodin D, Lindlof T R. Constructing the self in a mediated world[M]. London: Sage publications, 1996.

③ 罗萨.新异化的诞生:社会加速批判理论大纲[M].郑作彧,译.上海:上海人民出版社,2018.

元宇宙概念起源于科幻小说，有人说它是互联网的"终极形态"。从字面意义上看，metaverse 一词由 meta 和 verse 组成，meta 表示超越，verse 代表宇宙（universe），合起来通常表示"超越宇宙"，中文的译名和英文结合起来看才能更好地理解这一概念，因为这个宇宙既不是元，也尚未超越，而是计划超越，或许把它看作永久在线和互联能更容易理解，而且这种在线和互联可以与现实生活发生联系，也可以不发生联系。

元宇宙概念最早出现于作家尼尔·斯蒂芬森（Neal Stephenson）1992 年出版的科幻小说《雪崩》，书中描述了一个人们以虚拟形象在三维空间中与各种软件进行交互的世界。这个和社会紧密联系的三维空间，与现实世界平行。地理位置彼此隔绝的人们可以通过各自的"化身"进行交流。这本书的主角名叫 Hiro Protagonist，现实世界的工作是为黑手党送比萨。不工作时，Hiro 会接入"元宇宙"，在这个网络虚拟现实中，人们表现为自己设计的"化身"，并从事平凡（对话、调情）和非凡（剑术、雇佣兵间谍）的活动。与互联网一样，斯蒂芬森笔下的元宇宙是一种集体的、互动的努力，它永远在线，不受任何人的控制。就像在电子游戏中一样，人们控制着在虚拟世界中的角色。如果把这个小说拍成电影，也没有什么超出当代人想象的画面，那些在网络游戏里创立自己其他人生的玩家，不都是 Hiro 吗？

虽然现在元宇宙的主要应用是游戏，但从传播的角度看，元宇宙强调的是互联网沉浸体验的逐步提升，使得虚拟与现实的距离逐渐缩小。云授课、云开会、云同居目前看起来只是非常基础的互联网应用，元宇宙可以让我们的生活体验（实体的或虚拟的）走得更远（我们将在第七章详细论述）。

第三节　新闻业的时空观

梵·迪克指出，当代传播存在着两种革命：以数字化为代表的传播技术革命和传播结构革命。技术革命的意义在于传播的效率，而结构革命的意义则是以互联网为代表的新媒体，既非单一的"时间的偏向"，也非单一的"空间的偏向"，而是实现了同时跨越时间和空间，时间上永久在线和互联，空间上则是线上线下互动，这是新媒体深刻的"社会效应"。① 把对时空观念的革新放置在新闻传播业当中，关注新闻不仅要看现实时空的新闻，也要考虑到所谓"元宇宙"空间中发生的一切。我们不能拒绝时空观念的变化，它已经扑面而来。

一、跨越时空向你走来

空间概念曾经建立在物理距离和人类对距离的认知上，视频和影像极大地拉近了这种距离。

影像有着重要的表现力，是媒介的进步。互联网时代，媒介的形式和传递的内容在发生变化。从传统的报网，到全媒体时代的新闻客户端、自媒体平台、社交网络、直播平台，声、画、字都在互联网平台上全面展现。此外，用户不再只是被动接受，而是成为内容创作的一部分，并在参与中逐渐解构传统的媒体影像应用。技术的发展，传输速度的加快，网络资费的降低，将进一步拉近新闻影像和用户之间的距离。

先从最基础的新闻的要素说起。新闻学理论中，有一个5W框架，也就是一则完整的新闻必须包括何时（when）、何地（where）、何人（who）、何事（what）、何因（why）。一起来看2021年7月中新网（中国新闻社官方网站）发布的一组有关"暴雨"的国际新闻：

1．2021年7月27日，印度暴雨引发的山体滑坡和洪水造成的死亡人数已上升至198人。

2．2021年7月25日，英国伦敦遭遇雷暴天气，暴雨引发严重的城市内涝，公共交通受阻，一些交通主干线被迫中断，部分医院停止接诊。

3．2021年7月25日，比利时联邦内政部危机中心表示，24日晚新一轮降雨主要波及比利时南部瓦隆大区那慕尔省的11个市镇。在小镇迪南，短时暴雨引发

---

① 梵·迪克.网络社会:新媒体的社会层面[M].蔡静,译.北京:清华大学出版社,2014.

强地面径流，致使 30 多辆停在路面的汽车被冲走，多条被淹道路遭到破坏。在省会那慕尔市，强降雨造成了局部的泥石流，令一些房屋的稳定性受损。为保险起见，当地一家养老院的部分人员已被安全疏散。

4. 2021 年 7 月 22 日消息，巴基斯坦季风雨在过去 24 小时内已致 14 人死亡，26 人受伤。

5. 2021 年 7 月 20 日，比利时举行为期一天的全国哀悼活动，向严重洪水灾害遇难者致哀。上周的暴雨及其引发的特大洪灾已造成 31 人死亡、70 多人失踪，全国 100 多个市镇受到影响。

6. 2021 年 7 月 17 日报道，受低气压影响，欧洲西部自 14 日起暴雨不停。最新数据显示，德国至少有 133 人因洪水遇难，比利时有 20 人死亡。德国西部多个居民点被淹，许多桥梁、道路被毁，约 1300 人下落不明。

7. 2021 年 7 月 15 日，土耳其多家媒体报道，土耳其黑海地区里泽省（Rize）14 日遭到强降雨袭击，引发严重洪涝灾害，目前遇难人数已上升至 5 人，另有 4 人失踪，搜救行动仍在持续进行。

自 2021 年 7 月 15 日至 7 月 27 日，不足半月内，至少六个国家遭受了强暴雨灾害。在 2021 年 7 月，我国河南和华东地区连日遭受暴雨灾害的情况下，你是否注意到世界其他地区发生的这些暴雨灾难呢？

以上内容全部出自中新网国际新闻频道，但受众的感知程度似乎不同，所以尽管世界范围内共同遭受了暴雨等灾害性天气，但我们更关心本国情况，和国内同胞受灾的情感共鸣更大。而且媒体的关注和报道频次不同，造成了不同的感知程度。

今时今日，想知道世界上其他角落在发生什么并不难。现代新闻为人们创造了跨越地理空间的感知，也更加生动形象地为用户解释了空间感知。

报纸时代，媒体报道其他国家的新闻有如下途径：（1）在国外派驻记者，需要较强的经济支持；（2）在国外聘请特约记者；（3）翻译国外通讯社及媒体的新闻，向国内民众传递国际信息。

电视时代，人们可以通过电视看到国外相关信息，但体量有限，角度也有限。

互联网时代，国际新闻格局已经发生了变化。理论上讲，互联网上各国的新闻信息都是公开且互通的。跨越语言障碍和互联网接入障碍后，全世界人民实现了信息平等。而且随着数字技术在新闻中的应用，新闻报道转向了更为丰富的形态。据吉尼斯世界纪录官方发布消息称，2021 年 1 月 25 日，短视频博主李子柒以 1410 万次的 YouTube 订阅量刷新了由她创下的"最多订阅量的 YouTube 中文频道"的吉尼斯世界纪录。2017 年，李子柒在 YouTube 发布第一支视频"用葡萄皮做裙子"，到 2020 年 7 月 16 日已获得 1140 万次的 YouTube 订阅，并列入《吉尼斯世界纪录大全 2021》。在半年时间内，李子柒在 YouTube 上的订阅量已达到 1410 万次，刷新了她在 2020 年 7 月创下的吉尼斯世界纪录。[①] 在传递田园生活理念的同时，李子柒也把中国传统文化、节庆文化和饮食文化传递给了世界观众，实现了托马斯·弗里德曼（Thomas Loren Friedman）关于"世界是平的"的判断。

当前世界不仅是平的，也是网状的。时间的加速与空间的压缩折叠既是新闻业的机会，也是新闻业的挑战。只有掌握、引领传播媒介技术，新闻事业才能在适应中跨越种种挤压。媒体必须一直站在互联网和媒介技术应用的潮流最前线。

2019 年全国两会报道，央视新闻中心首次实现 5G 信号全覆盖。5G 即第五代移动通信技术，代表着移动通信最新、最尖端的发展成果，其高速率、低时延、大容量的特点将为媒体行业提供重大机遇。[②] 2019 年 2 月 28 日，全国两会前，中央广播电视总台 5G 新媒体平台成功实现 4K 超高清视频集成制作。遍布多地的 16 路 4K 超高清视频信号，通过 5G 网络实时回传至总台 5G 媒体应用实验室，并通过华为 5G 折叠手机实现 4K 节目投屏播出。作为技术层面的铺设与架构，5G 为媒体产业提供了诸多想象力。在 2020 年武汉火神山和雷神山医院建设中，央视网、新

---

① 吉尼斯世界纪录官方微博[EB/OL].(2021-02-02)[2023-09-10]，https://weibo.com/2166415265/K02qHn5UA?from=page_1006062166415265.

② 央视总台及山东广电等媒体 5G 应用范例（附 5G 时代两会报道方略）[EB/OL].(2019-02-28)[2023-09-10.https://www.sohu.com/a/298318765_247520.

华网等媒体平台开通的 24 小时直播，就是 5G 技术的典型应用。同年 2 月 2 日晚 9 时，湖北省新冠肺炎疫情防控新闻发布会第一次通过广电 5G 网络现场直播。[①]

但是，在高速传输成为习惯后，如果信息不能够满足用户，或者用户接触信息的过程中有阻碍或者摩擦，也可能出现信息焦虑等新问题。还以 2020 年新冠疫情为例，适逢农历新年期间，大部分民众自觉隔离在家，但他们会通过新闻媒体了解疫情的动态，并且由于尚处疫情初期，对病毒的认识和治疗手段都不充分，会让人们更加渴望信息。中国青年报社社会调查中心、"健康中国"编辑部联合问卷网（wenjuan.com）在 2020 年 2 月对 2080 名受访者进行的一项调查显示，80.8%的受访者每天浏览疫情信息 1 小时以上，可见信息需求之大。在获取信息的渠道方面，76.7%的受访者通过电视获取疫情信息，其他渠道还包括朋友圈（47.3%）、微信群（45.2%）、公众号（41.9%）、短视频平台（32.4%）、微博（25.0%）等。这种需求甚至衍生出"信息疫情"（infodemic），过多的信息反而导致人们难以发现准确的信息，可能对人们的健康产生危害。[②]

二、当"在场"成为"在网"

韩裔德国哲学家韩炳哲认为，数字媒体是一种现场媒体（Präsenz-medium），它的时态是现在进行时。[③]他描述了数字时代新闻事业的普遍状态：直播的、瞬时感受的、跨越传统媒体中介的、实时的表达，以及个人力量无法脱逃的媒介包围。个体时时在媒体空间中，媒体不断提供和制造信息。以往被认为是线性的时间，现在变成了网状的、节点状的。数字媒体摧毁与重建社会时间观念。这种摧毁与重建，不仅表现为社会生活的加速，还广泛且深刻地表现为对信息速度的渴望，即使这种渴望在某种程度上以牺牲质量为前提。

举例来说，在带给观众跨越地理的体验之外，网络世界中记者的在场性也随之

---

① 5G 应用在湖北疫情防控阻击战中大显身手[EB/OL].(2020-02-12)[2023-09-10].https://baijiahao.baidu.com/s?id=1658322259046302309.

② 王世伟.略论"信息疫情"十大特征[J].图书馆杂志,2020,39(3):19-23.

③ 韩炳哲.在群中：数字媒体时代的大众心理学[M].程巍,译.北京:中信出版社,2019.

发生改变：记者通过直播平台获取信息，微博、微信视频号、Bilibili 网站、Facebook Live、Periscope 等直播平台都为记者提供当地的第一手资讯。举例来说，Periscope 是一家流媒体直播服务运营商，2015 年 3 月被 Twitter 以接近 1 亿美元的价格收购，其主播多为普通网民。人们在网上分享美食、旅游、健身等个人生活，围观群众通过点赞赠送爱心给主播，受欢迎的主播甚至能够分享网站的商业利益。[①] Facebook Live 服务是 Facebook 于 2015 年推出的直播服务，最初只向一些知名度高的用户提供，2016 年 4 月正式面向所有用户服务。Facebook 还向《纽约时报》、Buzz Feed、汤森路透和《赫芬顿邮报》等合作伙伴提供付费服务。2017 年 3 月，Facebook live 开通了桌面直播，从移动端直播向更广泛领域进军。而对于微博、微信视频号、Bilibili 网站，我们的读者就更不陌生了。这些平台每日创造了大量视频内容和直播内容，为新闻报道提供了素材，甚至直接成为新闻报道。虽然直播平台的优势在于深入现场、第一时间回传现场情况，但对它们的滥用也造成了诸多问题。

第一时间在现场的优势自不必说，2016 年 3 月，布鲁塞尔恐怖袭击中，记者通过 Periscope 观看直播，并通过 Periscope 的地图定位快速到达现场。[②] 在尼斯恐怖袭击事件中，今日俄罗斯（RT）就利用 Periscope 实时直播，主持人举着手机在街边采访民众，同时用户可以在页面下方进行参与互动。[③] 这种直播本是记者无法到场时不得已的解决办法，而当记者把直播当成是日常工具时，就可能造成严重问题。哈佛尼曼新闻实验室（Nieman Journalism Lab）就建议：记者无须时刻都直播，因为直播的信源不一定可靠，实时放送也不利于事实核查。

以直播形式报道突发事件还在情理之中，但依靠视频直播、电视转播来写稿，就没有几分"职业道德"了。《南方都市报》早在 2012 年就用调侃的语气指出了这一问题："记者成为新闻报道的主角，这不是没有原因的。这次参加伦敦奥运会的

---

① Periscope 简介 [EB/OL].[2023-09-10].https://baike.baidu.com/item/Periscope/17033784.

② 社交媒体如何改变冲突事件传播 [EB/OL].(2016-07-19)[2023-09-10].https://mp.weixin.qq.com/s/TciqIYjKOLYWyrvbDqEiog.

③ 社社交媒体如何改变冲突事件传播 [EB/OL].(2016-07-19)[2023-09-10].https://mp.weixin.qq.com/s/TciqIYjKOLYWyrvbDqEiog.

中国运动员有 396 名，读者朋友知道去采访的中国记者有多少人？创纪录的 2000
人！"有知名博友也在奥运现场发出微博："我问：你们来了多少人？答：六七百
人！"据说当时拿到奥运会采访证的记者只有 200 人，那剩下的 1800 名记者怎么
办？读者朋友大可不必为他们着急，大不了在酒店房间里边看直播边写稿，管他
是"专访"了刘翔，还是"群访"了科比，反正一律是"特派记者发自伦敦"。①

这篇文章披露了这样一种情况，那些没有取得奥运采访资格的媒体，也千里
迢迢地到达伦敦，但是到伦敦居然不去现场观赛写报道，而是坐在酒店房间里看
电视直播写稿，让人啼笑皆非。

当然，这只是调侃了媒体工作者的职业素质和伦理，也有国外的研究人员已
经注意到直播中一些更严重的问题，比如就有人批评Facebook Live的暴力问题严
重。近些年还有人在网络中直播自杀，根据人民网舆情数据中心统计，仅 2018 年
上半年，与网络直播自杀相关的新闻资讯超过 1300 篇，微博超过 2000 篇。②

2018 年 3 月 26 日，新疆石河子市一男子刘某，为博取网友关注直播跳楼。
因与家人吵架一时想不开，他爬上某小区楼顶，站上楼顶后又冷静下来，放弃寻
死，可又不甘心离开，随后在快手上以"跳楼看不看"为名建立房间，直播 2 个多
小时。之后，刘某被警方行政拘留 10 天，罚款 500 元。同年 5 月 20 日，网友"@
菲妥妥_穆修修"（以下简称菲妥妥）在微博上宣布，因为陷入高利贷困境，一家
人只有自杀。"遗书"的发布引发大量网友关注。其实从 3 月 11 日开始，菲妥妥
就在发倒计时微博，于是她的同学选择报警，在网友、警察和医生的共同努力下，
一家三口获救脱险。而之后很多网民称她为"戏精"，怀疑她直播自杀的目的是获
取关注和利益。最终，在网络舆论的压力下，菲妥妥一家三口于 5 月 31 日再次选
择自杀，酿成两死一伤的人间悲剧。

2017 年 9 月，俄罗斯一位名叫瓦列耶夫（Arslan Valeev）的蛇类专家，因前妻

---

① 入乡随俗，保持幽默 [N]. 南方都市报, 2012-07-29(A02).
② 网络直播自杀令舆论惊诧：生命岂能视如儿戏？ [EB/OL].(2018-06-28)[2023-09-10].http://yuqing.people.
com.cn/n1/2018/0628/c209043-30093795.html.

与他离婚而轻生，他让自己的宠物黑曼巴蛇咬了自己，并在 YouTube 上直播了自己被咬直到死亡的全程，希望网友能将他的遗言告知前妻。尽管网友报警求救，但为时已晚，男子中蛇毒身亡。在自杀直播前一天，瓦列耶夫曾发预告视频，称要为黑曼巴蛇录制一期特别节目。没有人想到，所谓特别节目，竟然是他的自杀。①

直播中评论的控制也是个问题，例如 2016 年 3 月，法国总统奥朗德与法国一家公司的员工进行会面时，该公司通过 Periscope 进行直播。但在直播中，奥朗德遭到网民的强烈批评。"奥朗德辞职""滚蛋""我们正处于战争状态""下课"等类似的网民评论不断出现。负责监管社交网络的人员试图通过屏蔽某些网络用户来应对这些指责言论，但无济于事，最终，网络直播被中断。②

当记者的在场被取代，网络直播成为吸引公众注意力的有效方法时，如果新闻界不能很好地处理直播中的种种问题，不仅会丧失可靠性和可信性，也会给一些"黑暗流量"留下空间，失去自己的主战场。

三、万物可链与算法推荐

可以显示超链接和超文本的万维网出现在 20 世纪 90 年代前后，超链接由此进入人们的生活并深刻影响人类社会的运作，互联网的无限性或许就在于超链接。理论上讲，超链接可以为人们构筑客观真实的新闻信息环境，通过一条新闻可以外延至其他新闻，将事件的前因后果、关联信息、同类信息等全部呈现在受众面前，从而帮助人们深入地认识事件本身和了解社会信息，在网状的赛博世界中为人类构建信息轮廓，极大地增强了文本的流动性。

在情报信息领域，人们通常将描述原网页的内容称作锚文本（anchor text）。通过不断链接帮助用户找到有用或者相关的网站，从而为用户描述一个较为全面和深刻的图景。用户只需要从一个网页开始，点击链接，直到找到有用信息。超链

---

① 为情所困，俄国男子放毒蛇咬死自己并直播自杀 [EB/OL].(2017-09-27)[2023-09-10].http://news.ifeng.com/a/20170927/52180809_0.shtml.
② 法国总统参与网络直播遭强烈批评直播因此中断 [EB/OL].(2016-03-03)[2023-09-10].http://world.huanqiu.com/exclusive/2016-03/8643563.html.

接对搜索引擎性能的提升作用已经得到了验证，也在新闻业的实际运作中衍生出了聚合信息类App产品，极大地改变了信息传播的方式、规模乃至盈利模式。目前在搜索中最常见也是最有效的方式是将关键词整合为一个超链接文档，作为该目标网页的描述文档，与网页文本同时进行检索。通俗来说，就是给一个网页打标签，比如对本书的介绍网页，标签应该有"新闻、新闻业、新闻报道、新闻专业、专业主义、新闻技术"等描述性词语，把这些词语放入用来介绍这本书的网页代码中。当人们需要了解这类标签词的知识时，进行搜索，就会在搜索结果里发现本书。

超链接固然加强了文本的流动性，让互联网上的所有信息都可以通过链接触达，但理想丰满，现实骨感。至少在原创网络新闻生产中，超链接的实际应用很有可能被夸大了。而在聚合新闻类App中，这种超链接还有可能遮蔽原创者的工作。

周博等通过研究2008年12月1日至2008年12月31日这30天的网络用户浏览数据，共涉及来自200万个不同站点的1亿个不同的网页，包含约40亿条网络用户浏览事件，发现虽然锚文本已经被证实是一种对网络信息检索非常有效的信息源，但是原始锚文本有两个难以解决的主要问题：第一，原始锚文本中蕴含着大量噪声与无用信息；第二，原始锚文本仅体现了网页制作者对目标网页的推荐，这种推荐往往与用户实际对目标网页的体验不一致。[①]如果将上述研究成果通俗化，也就是说在新闻实践中，想要利用好超链接，就要做好锚文本的描述，但是现在锚文本的描述并非完全自动化，而要手动添加。在这个过程中，可能会造成大量的信息损失。另外，一线编辑人员是否有意愿去完善锚文本的内容，也是存疑的。以商业门户网站新闻实践为例，添加锚文本（超链接）有以下两个方法。

一是提取主题。早在2000年，美国罗格斯大学传播、信息与情报学学院教授宋英熙（Soo Young Rieh）、尼古拉斯·贝尔金（Nicholas J. Belkin）在研究影响网络

---

① 周博,刘奕群,张敏,等.锚文本检索有效性分析[J].软件学报,2011,22(8):1714-1724.

用户活动中决策及相关性判断的因素时指出，在预测判断中（前期判断）系统知识（用户的背景知识）是一个重要的标准。[①] 当用户对网页作出评价时，信息的内容（主题）是最重要的评价指标。也就是说，在实践中，编辑基于前期判断和系统知识，提取新闻主题，并手动设定关键词，限于工作强度和时间要求，他们只会对特别重要的新闻报道的超链接进行精编。而撰稿人或者"记者"，基本不干涉关键词。

二是自动提取关键词。根据文章中出现的人名、特有名词，系统自动划分超链接。当读者阅读到这个页面时，点击超链接，就能获得更多相关信息。但是通常情况下这些关键词的超链接都是介绍性的，达不到详细精确的效果。有学者研究了世界范围内的 100 个新闻网站，只有一半网站（52%）提供文章链接，间接链接的仅为 33%。[②] 也就是说，在使用超链接提供更多信息方面，互联网很有可能被高估了。

国内学者的研究也表明，影响用户评分的标准有 4 个——"与选择话题相关的链接（主题相关）""网页内容描述准确""网页内容能够提出有用的信息"和"网页内容让人觉得很可信"；另外，"信息质量"类型的标准评分在 9 个类型中最高，这说明了用户在浏览过程中对信息质量的要求比较高，因为用户主要使用的是信息的内容，信息质量最能够影响用户掌握信息内容的程度。[③]

上述情况发生在互联网早期的人工时代，而现在已经进入算法时代，出现用户点击因素和人工智能识别主题、关键词的功能，不过从用户体验看，超链接还远未达到精确的地步。比如你在一个新闻App中点击了一条体育新闻，是因为这条体育新闻的主角与知名娱乐明星之间的恋情，实际上你并不关心体育赛事，只

① Rieh S Y, Belkin N. Interaction on the Web: Scholars' judgement of information quality and cognitive authority[C]//Proceedings of the annual meeting-American society for information science. Information Today; 1998, 2000(37): 25-38.

② Kenney K, Gorelik A, Mwangi S. Interactive features of online newspapers[J]. First Monday, 2000, 5(1).

③ 张晓琴，路永和. 在网页浏览中用户点击超链接行为的影响因素分析[J]. 现代情报，2008, 28(2): 221-225.

是对娱乐圈八卦有点好奇。但算法之后可能就会给你推送相关的体育新闻而非娱乐新闻，虽然对网站来说，你的点击创造了流量，但从推荐的精准度和用户信息获取的满意度上来说，这类算法推荐代表了链接的无效。而且算法和链接也不能识别我们的情绪。举例来说，你跟一辆新能源电车发生轻微剐蹭，这辆车你从未见过，所以你在手机上进行搜索，知晓了这个品牌。但之后，算法不断根据搜索记录给你推荐这辆车的广告，并邀请你去试驾。请问，你的心情如何？原本你就因为剐蹭影响出行不甚愉悦，后又反复看到对方同款车型广告，能高兴吗？人工智能算法推荐虽然无处不在，却也有所错漏，甚至罔顾我们的情绪。本书后面几章中，我们会对算法做更加详细的分析。

第三章　粉碎边界：媒介技术与新闻职业

　　虽然算不上二次元粉丝，但我平时经常访问Bilibili网站（下简称B站），在B站看旅行vlog给我带来颇多感触。有位旅行博主卖掉公司开始旅行，一年间粉丝量从200人飙升至40万人。还有一位博主更有意思，起初他花4600元买了一辆二手面包车开始西藏之旅，在检查站被交警笑话说开不到西藏。但他成功把这车开到西藏还顺利返程，并买了5000多元的新装备准备再次出发——骑行去新疆，结果骑行路上第三天就累得不行打道回府了。后来他开着之前的面包车去了新疆，一路上吃了不少苦，遭遇爆胎、高反、严寒等，在回程路上出了车祸，万幸人没大事。但这位博主旅行的心火依然强烈，先后又买了一辆二手面包车、一辆全新面包车出发。由于他去的地方实在艰苦，陷车、撞车、坏车接连不断，看得粉丝心惊胆战。有一次车坏在了雪山无人区，超出保险救援范围，品牌方的修车师傅往返600多公里来救援。这个vlog相当于给汽车品牌做了一次免费的服务广告，后来品牌方直接送给这位博主一辆SUV让他继续旅行。

　　这些生活中的小插曲可以带观众体验不同的风土人情。但故事还没结束：第一位旅行博主后来买了一辆房车，由于房车质量问题多次维修但未解决，于是他把维权过程拍成视频放在网上。此后，品牌方处理问题的速度大大加快，同品牌车友纷纷效仿。第二位博主的老家是河南，2021年河南遭遇强暴雨天气灾害，他第一时间赶回家乡，尽自己所能参与救援，还利用视频博主的身份，把受灾地的情况发到网上。

这些何尝不是一种新形式的新闻传播呢？突破传统媒体到大众的单向传达，变为由博主直接面向大众，博主通过直播和观众通过评论、弹幕等形式进行双向互动传播。

而且，他们都分享过自己旅行中拍摄视频的装备：轻量微单、运动相机、无人机、手机，外加一台电脑，就是他们输出视频的全部工具，甚至连脚本都没有，电脑有时候也能省略，手机可以完成剪辑。媒介技术给新闻业带来变革，打破新闻传播作为一门职业的门槛。

第一节　新闻，作为一门职业

你认为新闻记者和医生、律师、程序员一样，是一种职业，是专业人员吗？

有读者可能会想，你这个问题的前提是什么？你如何界定职业？又如何界定专业？

职业是人们在社会中所从事的作为谋生手段的工作，或者是个人按照社会分工所从事的相对稳定、合法、有报酬的工作。从社会角度看，职业是劳动者获得的社会角色，劳动者为社会承担一定的义务和责任，并获得相应的报酬；从国民经济活动所需要的人力资源角度来看，职业是指不同性质、不同内容、不同形式、不同操作的专门劳动岗位。社会分工是职业分类的依据。在分工体系的每一个环节上，劳动对象、劳动工具以及劳动的支出形式都各有特殊性，这种特殊性决定了各种职业之间的区别。[①]

所以，按照社会分工，从事稳定合法有报酬的工作而言，记者无疑是一个职业。但专业呢？

一、作为职业的新闻生产

从社会学的角度分析，职业制度的发展与人类社会组织的发展密不可分，职业的发展程度与伦理规范和社会认可度有不同的评价标准。作为社会学的一个分

---

① 王玉环.思想政治与道德修养（上册）[M].济南：山东科学技术出版社，2016.

支，职业社会学很早就出现在了研究者的视野中，职业的发展促使一大批社会学家包括涂尔干（Emile Durkheim）、帕森斯（Talcott Parsons）和韦伯（Max Weber）关注职业主义制度。①

对于新闻职业的研究，可以追溯到新闻出现之初。荷兰学者梵·迪克的研究认为，新闻史在某些方面成为新闻生产最早的记录，早期新闻从业者将自己的写作过程记录下来，就成为最早的新闻学研究。伴随着新闻事业的发展，人们开始细分这些研究领域，也开始逐渐关心记者怎样工作：怎么收集资料，如何呈现资料，遇到的困难和挑战是什么？ 20世纪60年代的美国种族暴动、水门事件不仅是重要历史事件，也成为研究新闻生产的契机，这类研究弥漫着一种自由主义色彩，研究者通过研究新闻来反映社会政治和新闻生产之间的相互影响，强调媒介应有社会责任感，勇于批评监督社会。②除了强调社会责任和公众知情权，还有学者进入媒体内部，开始对编辑室内发生的事情进行深入的观察和思考。他们记录行业规范、考察专业认同，把记者工作中的惯例称为工作常规（routine）。例如，美国学者甘斯（Gans）使用这一方法，研究美国电视网和《新闻周刊》（Newsweek）、《时代》周刊（Time）之类的杂志如何制作新闻的细节；著名学者塔奇曼（Tuchman）、菲什曼（Fishman）等通过描述当时新闻工作者的日常——他们是如何发现新闻，如何调查真相——进而把新闻解释成具有意义的事件的。虽然两人的研究不同，但他们都认为，新闻是带着记者的意识形态的作品，其框架本身也存在问题。互联网时代，微观的观察方法被学者用来研究互联网新闻的生产过程，并考察新闻常规、行业规范、专业认同等在网络环境下发生的变化，其代表成果被汇编在克里斯·帕特森（Chris Paterson）与大卫·多明戈（David Domingo）的《网络新闻——新媒体生产与在线新闻制作的民族志》第一辑和第二辑中。③当前学界已经把研究重点从网络新闻转移到了数字新闻，围绕数字新闻的研究成果也颇丰。

---

① 商娜红.制度视野中的媒介伦理：职业主义与英美新闻自律[M].济南：山东人民出版社,2006.
② 梵·迪克.作为话语的新闻[M].曾庆香,译.北京：华夏出版社,2003.
③ Paterson C, Domingo D. Making online news: The ethnography of new media production[M]. New York:Peter Lang, 2008.

国内对网络新闻生产的研究始于 2002 年，在 2010 年开始爆发，并呈逐年上升的趋势。对于网络新闻生产的研究，在国内已经有了一定数量和规模。在新闻实践领域，学者对于网络时代具体业务的改变也有所关注，运用社会学者吉登斯（Anthony Giddens,1938— ）的结构化理论和深度访谈的研究方法，有学者考察了网络时代的日常新闻生产实践发现，无论是在获取信息源、确立新闻生产规则，还是在期待社会认可方面，当前的新闻实践都顽强地与新闻传统保持着一脉相承的关系，传统新闻实践的"结构性特征"依然在当下的新闻生产中稳定地发挥着制约作用。[1]

所以传统的新闻职业特征是什么？

依据社会学者莫尔（Wilbert E. Moore）的观点，职业主义（professionalism）具有六大特征：

1. 它是一种全职的工作而非临时的工作；

2. 具有伦理规范；

3. 具有提升和维护职业水准的专业组织；

4. 专业的知识通过教育、训练而产生；

5. 以服务为导向，其绩效表现与顾客的需求有直接的关系；

6. 由于具有专业的知识和道德，职业人员在决策时享有一定程度的自主权，但是这种自主权必须受到责任感的限制。[2]

传播学者 J. 赫伯特·阿特休尔（J.Herbert Altschull，1924—2009）[3]将新闻职业伦理归纳为四条信念：

1. 新闻媒介摆脱外界干涉，摆脱政府、广告商甚至来自公众的干涉；

2. 新闻媒介为实现"公众的知晓权"服务；

3. 新闻媒介探求真理、反映真理；

① 王辰瑶.结构性制约:对网络时代日常新闻生产的考察[J].国际新闻界, 2010(7): 66-71.
② 转引自沈士光.公共行政伦理学导论[M].上海:上海人民出版社,2008.
③ 作者注:著有《权力的媒介:新闻媒介在人类事务中的作用》。

4．新闻媒介客观公正地报道事实。

记者约翰·赫尔顿（John L.Hulteng）[1] 则从一个记者的视角归纳新闻专业理念：提供真诚、真实和准确的新闻报道；必须公正、公平，给予争论各方同等机会，应诚心诚意迅速更正错误。

信念感的建立并非易事，虽然对专业有所期待，但国内新闻传播学者陈力丹等人的研究显示，与调查数据显示的受访者对新闻从业者职业素养中等偏上的总体评价不同，研究者在田野调查中记录的新闻工作者言谈举止中流露出的对新闻报道现状，对新闻人职业素质的评价却是中等偏下。[2]

职业社会学强调职业规范和职业伦理。如涂尔干所言："职业伦理越发达，它们的作用越先进，职业群体自身的组织就越稳定、越合理。"[3] 然而也要清楚地意识到要振兴职业道德并不容易，会受到各种干扰，尤其是急功近利的干扰。[4] 换句话说，一个职业规范越成熟，职业伦理就越成熟，其职业的社会地位和从业者的自我认同感往往也比较高。因为职业是社会地位的重要标志。[5] 这一点从英语中的"职业"（profession）一词的含义可以看出，它与声明或宣誓（professing）非常接近。同时，作为职业，其从业者需要具备比其他人更多的知识，[6] 从这个角度上说，医生职业在专业度、职业规范和伦理上的成熟，使其当之无愧地获得较高的社会地位。律师职业由于专业门槛高、收入好、规范性强，也往往受到追捧。每年高考填报志愿时，法律系往往都是文科类热门专业。但是新闻呢？记者曾被誉为无冕之王，第四权力的代表，但是随着新媒体的冲击，无冕之王不可避免地开始没落，已经鲜有人再去关注这个职业。对此，阿伯特在《职业系统》中认为新闻"现在仍然是一个十分

---

①　作者注：著有《美国新闻道德问题种种》。

②　陈力丹，王辰瑶，季为民.艰难的新闻自律：我国新闻职业规范的田野观察/深度访谈/理论分析[M].北京：人民日报出版社，2010.

③　涂尔干.职业伦理与公民道德[M].渠东，付德根，译.上海：上海人民出版社，2001.

④　沈士光.公共行政伦理学导论[M].上海：上海人民出版社，2008.

⑤　波普诺.社会学[M].10版.李强，等译.北京：中国人民大学出版社，1999.

⑥　Hughes E C. On work, race, and the sociological imagination[M]. Chicago: University of Chicago Press, 1994.

开放的行业""新闻职业无力实现垄断"；[1]也有些研究者将新闻业总结成是一个"半专业"。

二、人人都有麦克风了吗？

教学中有一件事让我印象深刻，我开设的一门新闻专业课期末给同学们布置了论文，考查同学们的学习成果。在批阅作业时，我时不时就能看到一句"在人人都有麦克风的时代"，粗略看这批论文含"麦克风"量有 50% 左右。虽然我不能武断地说"人人都有麦克风"这个判断是错的，但当看到太多此类表述，尤其是新闻专业学生频繁使用这句话时，还是觉得有必要探讨一下。

我想需要先建立共识，然后在此基础上问几个问题，共识是关于"人人都有麦克风"这句话里，麦克风应该是作为一种扩音物理设备的隐喻，代表个人的声音、意见、观点能够被更多人所知晓。人人都有麦克风的时代，应该是指个人的理性思考、社会诉求能够在信息传播过程中平等地、无阻碍地向每个人传递。那么问题来了。

问题一，人人都有麦克风，真的是"人人"吗？根据 2021 年 2 月 3 日中国互联网络信息中心（CNNIC）发布的第 47 次《中国互联网络发展状况统计报告》显示，截至 2020 年 12 月，我国网民规模达 9.89 亿人，较 2020 年 3 月增长 8540 万人，互联网普及率达 70.4%。[2]也就是说，至今尚有近 30% 的中国人口不能上网，那他们的麦克风在哪里？经济发达地区群众的上网时间长、频率高，经济欠发达地区的群众呢？能上网但不具备充分媒介素养的群众呢？有人可能会说你太咬文嚼字了。我能理解同学们写这句话是要体现趋势，是虚的而非实的"人人都有"。但是如果一句话已经成为固定表达时，它必然反映了一种社会心态，就有必要对此持谨慎的态度，弄清楚这些表达、概念背后深层次的问题，建立一个共识——要承认媒介接

---

① Abbott A. Processual sociology[M]. Chicago: University of Chicago Press, 2016.
② CNNIC 发布第 47 次《中国互联网络发展状况统计报告》[EB/OL].(2021-02-03)[2023-09-10].https://www.gov.cn/xinwen/2021/02/03/5584518/files/bd16adb558714132a829f43915bc1c9e.pdf.

触和媒介素养水平存在发展不平衡的现象，也就是并非人人都有麦克风。

问题二，人人都有麦克风，但如果这个麦克风传递出来的信息是虚假的、片面的、情绪化的，甚至是有害的呢？麦克风始终存在，问题是如何避免虚假甚至有害信息的传播造成的损失呢？举例来说，2020年，媒体报道一位图书编辑发文，批评流量明星粉丝在豆瓣养号，造成包括《红楼梦》等名著在内的很多书籍评论区注水短评泛滥。简单来说就是粉丝发现要想让自己的豆瓣评论权重高，需要经常使用该号，同时要有比较符合现实情况的评价，才能在用到这个号的时候（比如给自己喜欢的明星作品打分）起到作用，那些新注册的、长期不发言的或发言明显不符合规律的号，所发信息有可能会被平台折叠或过滤。评论员韩浩月认为，这种养号养出的"小号"，危害不容小觑。比起那些整齐划一、空洞无聊、容易识别的评论留言，养好的号发出的评价，更有欺骗性，并且给"控评"（给自己偶像作品打高分，做出正向评价）这种见不得光的做法，强行注入了某种"合理性"。①

可能我还没有说清楚这种做法的危害性，请容我再赘言几句：粉丝通过在《红楼梦》页面评论下注水获得高权重账号后，当他们的偶像再次出演影视剧或有音乐作品时，粉丝会使用这些账号"控评"。控评的结果是原本对该艺人不甚了解的大众选择对这些文化产品进行消费。由于文化产品消费是非常个人的体验，粉丝认为好的，路人未必认为好，粉丝认为值得花钱的，路人未必认为物有所值，所以双方必然会产生矛盾，这种矛盾的累积，会给评论生态带来非常恶劣的影响。如果注水粉丝的麦克风被放大音量，理性麦克风音量被掩盖，我们的文化讨论中无疑会出现大量的噪声，长此以往给社会文化生活和精神生活带来损害。

问题三，虽然人人都有麦克风，但用户为了这个麦克风要付出的技术代价有哪些？首先，人们要使用这些社交App或媒体平台发布内容，就得同意用户策略，用户使用的手机型号、所处地理位置等身份信息在后台一览无余。其次，在互联网上公开发表的内容存在着知识产权的让渡，可能有受到侵权的法律风险。再次，

---

① 图书编辑控诉粉圈控评：流量造假的祸害已"出圈"[N].新京报，2020-11-26(A03).

伴随着互联网的发展，网络中的极化现象突出，人肉搜索、互联网暴力屡见不鲜。

先看侵权案例——杭州女子取快递被造谣案。2020 年 7 月 7 日，顾客谷某某在正常取快递时，在快递驿站被郎某某偷拍，并将视频发布在某微信群。随后又有一个何某某使用微信号冒充谷某某与自己聊天，并伙同郎某某分别使用各自微信号冒充谷某某和快递员，捏造谷某某结识快递员并多次发生不正当性关系的微信聊天记录，还捏造"赴约途中""约会现场"等视频、图片。后来二人将上述捏造的微信聊天记录截图数十张及视频、图片陆续发布在该微信群，引发群内大量低俗、淫秽的评论。该案成为一个互联网时代的"麦克风"侵犯他人隐私的典型案例。经过审理，法院一审分别以诽谤罪判处被告人郎某某、何某某有期徒刑一年，缓刑二年。

法律上隐私权指个人人格上的利益免受不法侵害，个人与大众无合法关联的私事，亦不得被妄予发布公开，其私人活动，免受可能造成一般人的精神痛苦或羞辱之方式非法侵入的权利。隐私是为众多法律系统支持的一种人身基本权利，尊重个人隐私是尊重人权的表现。除去考虑公共利益之外，媒体不得擅自披露他人隐私。无论是数字劳动还是匿名权，都跟隐私有关。从任何一个角度来看，隐私都是人类文明发展进步的现实表现，近现代社会，对于隐私和隐私权的保护也逐渐被提到了法律议程上来，但大数据、互联网又将隐私以一种隐秘的方式暴露给了互联网平台。平台对隐私的使用或者利用，是值得我们仔细思考的一个问题。

再比如，网友在网络聊天中，加狗头表情符号，加括号"（没有杠的意思，杠就是你对）"，其实都是极化现象的体现。所谓极化现象，我们在前文已经有所讨论，是指在群体决策情境中，个体的意见或决定，往往会因为群体间相互讨论的影响，而产生群体一致性的结果。虽然互联网使人们的沟通突破地理障碍，但由于人的信息处理能力是个有限的常数，而且人们在接触信息和建立联系时会体现出一定的偏好，所以网络传播带来的未必是地球村，而只是人们交流方式的一种转换，从原先地域性交流转变为以共同兴趣和偏好为基础的交流。[1] 在一个极化的

---

① 吴飞.媒介技术演进脉络的哲学考察[J].新闻记者,2018(12): 30-44.

社群里，不同意见表达的余地非常小，更不要说观点的冲击与碰撞了。

总之，没有一个良好规范的互联网运作规则和伦理公共空间，我们不能轻易断言人人都有麦克风，诚然麦克风好似就在眼前，但是如何抓住麦克风，利用麦克风发出何种声音，却必须要严肃对待，轻飘飘地用一句"人人都有麦克风"来概括当前公共领域的问题是片面的。我们回到新闻专业领域来讨论的问题是：作为记者的职业，其存在的基础和必要是比个体新闻记者更公正，更遵守法律和伦理道德规范，兼顾广泛的社会层面的影响，同时关切个人的生存状况。

面对数字时代给媒体的挑战，职业记者该怎么做？

第二节　当记者职业遇到数字时代

在新闻学研究中，对数字时代的新闻，有如下的称谓：在线新闻（online journalism）、数字新闻（digital journalism）、计算机新闻（cyber journalism）、新媒体新闻（new media journalism）、交互新闻（interactive journalism）、多媒体新闻（multimedia journalism）、网络新闻（web journalism）等。这些概念从不同角度为我们描述了数字时代的新闻业呈现出来的特征。

它是在线的（online），革新了媒体介质，从看得见摸得着的物理介质（如杂志、报纸、电视机屏幕、手机屏幕）扩展到无处不在的介质，不仅是电脑显示屏上的报纸新闻版，也包括手机的社交媒体中，朋友向你转发的信息，还包括那些你有意无意接触到的户外媒体等。

它是多媒体的（multimedia），图片的、文字的、声音的、视频的。它可能变得短小，以便适应人们越来越快速的阅读习惯；也可能变得视频化，不需要你自己读，媒体直接"秀"（show）给你，让你看到甚至感知（AR、VR、XR、MR)到发生了什么（详见第八章）。

它是存在于网络空间（cyberspace）的。人类社会有史以来所有文明的成果，目前大都能够以数字形式展现，我们对信息的接收、查阅方式正在发生变化。我们应该把网络空间看作是一个整体，而不再是由一个个新闻媒体组成的点状信息来源。

新闻也应该是互动（interactive）的，用户不仅是在新闻下面留条评论发表想法，他的观点和提供的信息也有可能成为新闻的一部分。用户也可以成为传播者，可以成为点评者，拥有以往电视主播般的关注度。

这些已经成为你熟知的社会生活方式，不是吗？

一、定义数字新闻

对一种现象的研究，人们首先要给它命名。美国亚拉巴马大学（University of Alabama）的詹姆斯·格伦（James Glen）教授认为，应该使用网络新闻学（web journalism）这一称谓，因为web指代用户在互联网上交换各类信息的页面，而internet则更偏向于计算机或者通信行业的概念。[①] 实践中，也有个别学者使用数字新闻学（digital journalism）或在线新闻（online journalism）一词，但詹姆斯·格伦认为digital更多强调"数字的"，电视渠道是否应该也被纳入就显得比较尴尬，而online强调在线，除了新闻内容也可以泛指连接网络的电脑设备。中文领域，一般使用数字新闻（digital journalism）来概括这个集纳所有互联网内涵的概念。虽然在日常应用中去区分digital、online或web可能理论意义甚微，但这些讨论无疑有助于理解当今新闻学研究对象的复杂性和特性。

国内第一位设立个人新闻传播学学术网站的是中国社科院新闻研究所研究员闵大洪。2001年，他针对"商业网站应不应发布新闻"这一社会话题讨论时认为：网络新闻指通过互联网发布、传播的新闻，传播途径可以是万维网网站、新闻组、邮件列表、公告板、网络寻呼等手段的单一使用或复合使用，其发布者（指首发）、转发者可以是任何机构也可以是任何个人。[②] 如闵大洪所言，这一定义主要想概括网络新闻手段多途径和发布者多来源的特点。经过20多年发展，其列举

---

① 宋昭勋.网络新闻学历史与定义[J].国际新闻界，2007(3): 40-44.

② 网站可不可发新闻? —兼与郭乐天先生商榷[EB/OL].(1990-10-11)[2023-09-10].https://news.sina.com.cn/china/1999-10-11/20616.html.

的途径和手段都已经发生了巨大变化，但考虑到讨论的是互联网尤其是商业网站应不应该发新闻，显然事实已经证明新闻在互联网上的应用具有强大的生命力和吸引力。雷跃捷、辛欣在《网络新闻传播概论》中认为，从特质来看，网络媒体是分众媒体、个人媒体，其信息传播特点是开放的、交互的。与传统媒体经过长期不断完善形成的规范运作方式和一整套有效的管理机制不同的是，网络媒体是桀骜不驯、难以管理的。[①]杜骏飞认为，网络新闻是指传播基于internet的新闻信息——具体来说，它是任何传送者通过internet发布或者再发布，而任何接收者通过internet视听、下载、交互或传的新闻信息。[②]这些定义对认识今天的数字新闻和互联网新闻生产依然有着重要意义：当今的媒体发展极大地削弱了个人与组织的界限、信息与新闻的界限，加之一些媒体操作不严谨不规范，使得虚假信息泛滥，大量冗余信息沉淀，屡次搅起一拨拨网民热议。除了传统新闻媒体或新闻门户网站，还形成了多元的信息发布者格局——个人社交账号、自媒体账号、企事业单位官方账号等各类主体，都可以在新闻平台上发布信息。

国际上，对数字新闻的定义也尚未达成共识。2019 年，《数字新闻》(*Digital Journalism*) 杂志在第三期《定义数字新闻学》特刊中邀请世界各地的学者对数字新闻学进行定义。挪威学者斯登·斯藤森(Steen Steensen)、安娜·拉森(Anna Grøndahl Larsen) 等人认为，"数字新闻是一种变革中的社会实践。它通过特定和不断变化的体裁和形式，对不同类型的受众所感知的公共利益的事实信息进行选择、阐释、编辑和传播。同样地，数字新闻既塑造着新的科技和平台，同时也被它们塑造着。这突出表现在数字新闻与受众之间日益增长的一种共生关系。从事数字新闻这种社会实践的参与者，同时也为新闻机构自身的结构所束缚"[③]。威斯康星大学麦迪逊分校的苏·罗宾逊(Sue Robinson)与合作者将数字新闻研究界定为："涉及对使用数字技术的新闻工作的研究，如新闻网站、社交平台、移动

① 雷跃捷,辛欣.网络新闻传播概论[M].北京:北京广播学院出版社,2001.

② 杜骏飞.网络新闻学[M].北京:中国广播电视出版社,2001.

③ Steensen S, Grøndahl Larsen A M, Hågvar Y B, et al. What does digital journalism studies look like?[J]. Digital Journalism, 2019, 7(3): 320-342.

设备、算法等，承认新闻业的数字动态如何与以前离散的边界互动和改变⋯⋯以及伴随这些变化和配置的权威和力量，研究围绕新闻和其他新闻行为所发生的实际和文化转变，因为它们与更广泛的问题有关。"①南洋理工大学安德鲁·杜菲（Andrew Duffy）及其合作者则认为："数字新闻是指新闻业体现数字化的哲学、规范、实践、价值和态度的方式，这些都与社会相关。这包括数据的控制、存储、检索、获取和传输的效率，信息传播的独立性、互动性、协作性，新闻报道的灵活性和创新性，以及国家、机构和个人对新闻报道的重视。国家、机构和个人对数据的所有权以及其对隐私和透明度的影响。"②专注数字媒体研究的昆士兰科技大学简·伯格斯（Jean Burgess）和爱德华·胡尔科姆（Edward Hurcombe）则将数字新闻定义为："那些新闻采集、报道、文本制作以及辅助通信等手段，它们立足于反映、回应并塑造不断变化的数字媒体环境和相对应的社会、文化、经济逻辑。"③

这些界定都明显地体现出，在数字新闻学研究中，数字改变的已经不仅是新闻的采集、生产、制作和传播过程，研究者要在更广阔的社会环境中，考察数字新闻和社会的政治、经济、文化的勾连，分析它们之间是如何互相影响的。

针对当代数字新闻学研究，从微观讲，包括新闻的生产、分发和接收过程中的物质条件和技术，以及新闻内容管理系统、新闻客户端、算法、虚拟现实技术、数字新闻地图等等新的议题。④从宏观看，又涉及新闻理论体系的三个基本维度：基于技术可供性分析的新闻生态（news ecosystem）理论，基于新闻行动者行为分析的"情感转向"（affective/emotional turn），以及从宏大历史进程出发的媒介化（mediatization）分析。⑤

---

① Robinson S, Lewis S C, Carlson M. Locating the "digital" in digital journalism studies: Transformations in research[J]. Digital Journalism, 2019, 7(3): 368-377.

② Duffy A, Ang P H. Digital journalism: Defined, refined, or re-defined[J]. Digital Journalism, 2019, 7(3): 378-385.

③ Burgess J, Hurcombe E. Digital journalism as symptom, response, and agent of change in the platformed media environment[J]. Digital Journalism, 2019, 7(3): 359-367.

④ 白红义, 张恬, 李拓. 中国数字新闻研究的议题、理论与方法[J]. 新闻与写作, 2021(1): 46-53.

⑤ 常江, 何仁亿. 欧美数字新闻学理论: 现状分析与趋势研判[J]. 中国编辑, 2021(5): 90-96.

二、数字新闻时代的新闻职业

数字时代，作为一门职业的新闻业发生了怎样的变化？面对本来就众说纷纭的"专业性"，面对数字时代的新挑战，新闻业该如何确立自己的专业地位？

（一）工作常规被打破

如果说考察网络新闻（文本）是讨论新闻组织和记者怎样描绘和建构现实，那么研究数字时代的新闻生产重点就是研究数字新闻从业者怎样对自身进行职业塑造。研究发现，新闻组织内部会通过各种规训手段，如日常采编流程、业务培训、晋级和奖惩体系、薪酬体系等，使新闻工作者不断内化和重复这些做法，从而使新闻生产呈现出较为稳定和一致的样貌。[1]所谓的"新闻常规"不仅有利于新闻的快速产出，也深刻地影响着新闻的专业性发展。反过来，新闻专业的成熟程度也影响"新闻常规"的形成与变化。

从新闻常规角度讨论"网络给新闻业带来了什么"，首当其冲的是采集与制作的分离。网民广泛参与新闻生产，促进了记者的专业角色转型，让媒体从传播者转变成网民讨论的主持人和意见综合者。[2]国外研究也认为，互联网给新闻生产带来了改变。美国社会学家、传媒文化研究学者埃里克·克里南伯格（Eric Klinenberg）指出，网络已经打破了一个新闻工作日（newsday）内原有的时间边界，创造了一个总是有突发新闻的信息环境。[3]

日报、晚报、周报的时间意义正在淡去，塔奇曼描述的"新闻媒体小心翼翼地在时间和空间上强加一种结构，使他们能够完成任何一天的工作并计划下一天

① 夏倩芳,王艳."风险规避"逻辑下的新闻报道常规——对国内媒体社会冲突性议题采编流程的分析[J].新闻与传播研究,2012(4): 34-46, 110.

② 曹洵,刘兢."采制分离"与"记者角色转型"：当代西方网络新闻生产的新变化[J].新闻界,2011(1): 98-100, 97.

③ Klinenberg E. Convergence: News production in a digital age[J]. The Annals of the American Academy of Political and Social Science, 2005, 597(1): 48-64.

的工作"①的现象正在被技术打破，随时的消息和变动通过即时通信软件和社交媒体软件涌入记者的生活中。报道新闻和消费新闻变成无时无刻，无所不在的。

阿根廷圣安德烈斯大学学者米歇尔斯坦（E. Mitchelstein）和美国西北大学教授保罗·博奇科夫斯基（Pablo J. Boczkowski）的研究显示，过去几年来新闻生产中的常规、模式与实践发生了许多变化，例如记者亲自外出采集核实新闻被弱化，记者和编辑更依赖网络，网络新闻素材比例越来越高，新闻工作者职业角色变得越来越模糊，作为组织的新闻单位更强调记者的全能性，因为这样可以适应跨平台的新闻生产。在对 5 家德国新闻网站进行调研的基础上，博奇科夫斯基等人得出结论：由于缺少调查、交叉修改和原创写作，新闻已经变得和"二手货"一样不值钱。②

还记得《南方都市报》对 2012 年伦敦奥运会期间记者飞到英国在酒店看直播写稿子行为的揶揄吗？现在读者随便打开一个新闻App都会发现出现在首页的各类新闻，极少有记者去到事发地，"新闻"仿佛不是发生在物理空间，而是发生在网上，报道在网上，火热在网上，也消失在网上。更有甚者，因为网络新闻生产的流程把关不严造成不真实、不科学信息的传播。

2022 年 5 月 7 日，湖南《潇湘晨报》以"女子跟刘畊宏跳操未及时洗澡致腋窝溃烂"为题的视频，报道了长沙一名女子的遭遇。这则视频③引发了当事人的异议：当事人表示自己是疤痕体质，所以当出现情况时，第一时间去医院看皮肤科，她只是刚好在跳刘畊宏的操。但是医生一听说跳操，就很开心地叫来同事拍视频。当事人朋友表示，"本以为是医院内部案例，要是能提醒大家运动后及时擦汗，保持干燥也算一件好事，但不经本人允许就将视频发给媒体，并加一个如此带有偏见的标题就很成问题了"。事后当事人与媒体的沟通过程也被公布了出来。④在这

①　Livingston S, Bennett W L. Gatekeeping, Indexing, and Live-Event News: Is Technology Altering the Construction of News? [J]. Political Communication, 2003, 20(4): 363-380.

②　Mitchelstein E, Boczkowski P J. Between tradition and change: A review of recent research on online news production[J]. Journalism, 2009, 10(5): 562-586.

③　作者注：原报道内容已删，微博话题"女子跟刘畊宏跳操未及时洗澡致腋窝溃烂"主持人为《潇湘晨报》，截至 2022 年 5 月 15 日话题累计阅读次数 4.4 亿，讨论数 3.4 万，原创讨论数 1.4 万。

④　作者注：微博 ID 为 6255449758。

起事件中，媒体几乎没有把关，当事医生是唯一信息源，媒体既不核实，又不交叉采访印证，造成误解。

当然，新闻行业并非无可救药。事实上，随着新闻行业在业务和商业上的发展成熟，将有可能避免这种问题。有学者对法国、美国两地新闻业的田野调查发现，数字流量已经嵌入新闻生产的逻辑，但是因语境不同有不同的影响力。美国新闻业发展比较成熟，新闻报道与商业运作形成了严格的劳动分工。但是法国欠缺这种专业化的劳动分工，因此法国新闻业流量化的运作逻辑不仅影响了商业运作模式，也渗透至新闻人的具体报道实践。[①] 所以，新闻专业是必要的。

（二）职业信念受到挑战

职业信念的建立并非直线上升的，政治和商业因素始终影响着记者的行为逻辑。学者路鹏程在其著作《难为沧桑纪废兴》中探讨了近代中国新闻职业化的生成与演化问题。学者解玺璋在给这本书的书评中写道：（该书）通过查阅大量的民国文献、报刊、当事人的回忆录，试图复原陶菊隐在各路军阀治下严酷的新闻生态和检查制度下是如何采写军政新闻的。它展示了记者为了冲破封锁严密的文网所采取的种种斗争策略，对他们的坚持和妥协，犹豫和彷徨，以及复杂的内心冲突和精神焦虑，左右为难的煎熬，包括随时可能遭遇的性命之危，都做了深入的探讨。作者还注意到，中国新闻记者容易在道德伦理上受困。这或者是由于早期新闻记者大多来自科举停摆后失去上升空间和机会的学子。而儒家伦理富于理想色彩、泛道德化的特征，不仅对新闻记者是一种内化的约束和限制，也会影响到社会公众对新闻记者职业道德的想象、期待和评价。因而，中国新闻职业化、专业化的进程，至今未能超越道德伦理的层面。[②]

现代新闻业的专业信念研究以专业主义为代表，新闻专业主义作为一种规范

---

① Christin A. Counting clicks: Quantification and variation in web journalism in the United States and France[J]. American Journal of Sociology, 2018, 123(5): 1382-1415.

② 解玺璋.沧桑难纪:记者与军阀[EB/OL].(2022-04-21)[2023-09-10]，http://www.eeo.com.cn/2022/0421/531227.shtml.

性理念，着眼于新闻业的公共意识与社会责任。[①]因此，如何建立新闻从业者对自身工作的信念围绕着公共意识和社会责任展开。对于网络新闻从业者的研究，散见于有关网络新闻的论著与个别论文中。其中，周葆华等通过调查问卷方式，对国内网络新闻从业者新闻职业伦理进行研究，印证了新闻从业者职业伦理态度与认知之间的差距，[②]且这一"态度、认知"差距大于其他行业。[③]与此同时，市场化态度、工作满意度是影响从业者对"利益冲突"态度的主要因素，专业背景、传统媒体经历也在一定范围内影响从业者伦理水平。值得注意的是，相比发达国家，中国短时间内跨越了传统媒体转到互联网媒体，因此新闻专业的建立和发展更加易变和脆弱。由于网络本身是个矛盾的综合体，网络新闻记者角色也因此变得复杂化，身份尴尬：对于其义务权利和身份地位尚无定论，较传统媒体新闻工作者在工作强度和待遇等方面也有着较大差距。[④]

（三）新闻专业性受到平台和算法挑战

首先，在互联网生态下，新闻信息的供给方式更为开放——以Facebook和微信为代表的全球移动社交媒体活跃用户达27.8亿人，约占总社交媒体用户数的92%。根据2016年的统计，Facebook向美国传统媒体网站导流的流量占这些媒体网站全部流量的45%，而谷歌则占到31%，两者相加接近80%，足见传统内容生产企业对这些平台公司的巨大依赖。[⑤]传统新闻职业共同体的壁垒被打破了，脆弱的新闻专业体系变得更加无足轻重了。在2008—2018年这10年间，数字新闻机构的员工数量约从7400名增加到了13500名，增加6100个岗位，增幅达82%，

---

① 新闻的语境和危机:理论与方法[EB/OL].(2017-07-24)[2023-09-10].https://mp.weixin.qq.com/s/zXjByCkPeuEqUPxBG6mYdA.

② 周葆华,龚萌菌,寇志红.网络新闻从业者的职业意识——"中国网络新闻从业者生存状况调查报告"之二[J].新闻记者,2014(2): 7.

③ 陶建杰,张志安.网络新闻从业者职业伦理研究:以利益冲突为例[J].国际新闻界,2013,35(9): 10.

④ 陈晨.网络新闻记者的职业现状与角色重构[D].广州:暨南大学,2011.

⑤ 王维佳,周弘.流量新闻中的"零工记者":数字劳动转型与西方新闻记者角色的变迁[J].新闻与写作.2017(2): 8.

但远无法抵消同期传统新闻机构中锐减的 33000 个岗位。[①] 仅在 2019 年，美国就有 7800 名媒体工作者失业。[②]

不可否认，数字技术增强了媒体的"可供性"，带来多种方向的融合，新闻业原有的边界在不断消融。美国学者厄舍（Usher）对《纽约时报》进行的个案研究发现，经过数字化改造的新闻在即时性（immediacy）、互动性（interactivity）、参与性（participation）方面有所提升。[③]但传统媒体的专业"把关人"作用正在发生变化，一个突出特点是由"把关人"变为"推荐人"。用户参与到决定内容呈现的过程中——其对新闻信息的偏好、对特定自媒体账号的关注程度都影响了新闻信息的传播。记者和社交媒体意见领袖之间的界限已经模糊。记者可能是对新闻发表评论或有八卦要分享的任何人。社交媒体成为"超级把关人"，不仅参与职业新闻业、社交媒体用户的信息把关，也从自身的用户中选取、聚合、传输内容，提供新闻服务。[④]传统媒体的渠道控制能力被迅速削弱，网络新闻的外延被无限扩大。而且，这种现象是世界范围内的，不仅是欧美研究有此一说，国内网络新闻的组织生产，近年来也出现了"从组织化的新闻生产向社会化的新闻生产转型"的趋势，促使原本高度组织化的新闻生产逐渐"去中心化"。[⑤]如果用案例来说明去中心化，可以回忆一下新冠疫情及河南暴雨灾害后出现的"共享文档"，以多人协力的方式进行内容的收集和交互。河南暴雨灾情里出现的《待救援人员信息》文档在 24 小时内更新了 270 多版，成功使受灾人员得到救援。[⑥]这意味着传播者和受众的位置并非一成不变，公众可以直接参与内容的生产。

---

① 美国数字新闻业现状：就业与裁员齐飞，增长与不信任共存 [EB/OL].(2019-09-27)[2023-09-10].https://36kr.com/p/1724432138241.

② 王维佳，周弘.流量新闻中的"零工记者"：数字劳动转型与西方新闻记者角色的变迁 [J].新闻与写作.2017(2): 8.

③ Usher N. Making news at the New York times[M]. Ann Arbor: University of Michigan Press, 2014.

④ Shoemaker P J. Gatekeeping and journalism[J]. Oxford Research Encyclopedia of Communication. 2020.

⑤ 张志安.新闻生产的变革：从组织化向社会化——以微博如何影响调查性报道为视角的研究 [J].新闻记者, 2011(3): 42-47.

⑥ 新京报传媒研究："一个救命文档的 24 小时" 后 [EB/OL].(2021-07-23)[2023-09-10].https://mp.weixin.qq.com/s/FUp82oxp8N7S527fKQ3XHg.

除了上述特征，网络还让信息传播的渠道快速裂变，媒体的生产流程更加细化，多媒体融合的趋势不断加强。商业价值日益主导新闻生产，公众的信息消费呈现个性化特征。[①]

面对这种变动的不确定性，有学者尝试借用"媒体奇观"理论对网络新闻生产过程进行梳理、分析与解释。这类分析在对网络新闻生产的定义上尤其强调全体网民的参与，并将网络新闻生产看作是网民集体创作过程中新闻信息流与意见流融合的一种过程，是复杂的新闻传播各要素不可控地互相作用的过程。网络新闻的特点是传统新闻元素被更加突出的新闻元素取代，吸引眼球和呈现反差，带有极端鲜明的观点、立场和倾向。[②]

其次，在算法为王的数字时代，掌握算法的平台在很大程度上决定了什么是新闻业。

算法是什么？

严格来讲，算法并非伴随计算机技术发展产生。比如每年到了春天，人们会把棉衣收纳起来，找出春天的风衣穿上；比如人们出门前会观察天气，如果已经乌云密布，就需要带一把伞；再比如一个家庭的妈妈（或爸爸），要了解孩子今天是休息日还是上学日，如果是上学日的话，需要早早起床，根据孩子的口味做早餐，如果有多个孩子，还要考虑老大不喜欢吃鸡蛋，老二不喜欢喝牛奶，老三不喜欢吃蔬菜这种问题，然后在他们起床洗漱之前弄一桌排列组合出来的餐品，以便让三个孩子都能在一天的学习生活开始之前摄入必要的营养。实际上，这就是一种算法，人们根据已有信息，做出判断决策，用算法指导生活并非数字时代的原创。

但数字时代，算法把决定权交给了平台，也引发人们对算法控制的担心和批评。甚至有人将其称之为数字杀伤性武器，"它已经现身于我们能想到的任何一个

①　骆正林.网络背景下新闻生产模式的变革[J].新闻爱好者,2013(12): 8-10.

②　王炜.网络新闻生产过程中的"媒体奇观"现象初探[J].今传媒,2015(2): 65-66.

行业，加剧了社会不公平，进一步压榨了弱势群体的剩余价值"[1]。小到妈妈给一家人做个饭，大到种族主义，都是数学预测模型，它由随机的数据采集和假性相关所驱动，被制度不公平加以强化，又被证实性偏见加以进一步劣化。美国公民权利联盟的调查显示，犯同样的罪，黑人罪犯的刑期比白人罪犯长20%。黑人只占美国总人口的13%，但黑人罪犯占据了美国40%的牢房。[2]

算法会带来什么后果？

《算法霸权》一书的作者凯西·奥尼尔讲述了这样一个故事。1983年，原本已经濒临停刊的《美国新闻》杂志决定开展一个规模庞大的项目：评估全美1800所学院和大学，为这些学校做一个排名。他们的编辑是基于什么数据对大学进行排名的呢？起初，《美国新闻》的工作人员完全依靠他们寄给各大学校长的调查问卷所得到的反馈结果进行评分。结果，斯坦福大学位居全美综合性大学之首，阿默斯特学院则是排名第一的文科学院。排名结果虽然很受读者欢迎，但也令很多大学的校领导非常愤怒。杂志社收到了排山倒海的投诉，内容都是控诉排名结果有失公正的。许多大学的校长、在校学生和已毕业的校友坚持认为自己的学校应该获得更高的排名，杂志社应该再去仔细研究一下有关的数据。接下来的几年，《美国新闻》的编辑一直在思考他们具体可以测量什么数据。模型有许多，但其中大量的评估因素仅仅来自直觉。模型确立的过程并不严谨，统计分析也缺少根据……这些编辑没有直接的方法来量化4年的大学学习过程是如何影响一个学生的，更不用说数千万个学生了。他们不可能测量一个学生在4年的大学生活中的学习、幸福感、信心、友谊等全部方面。于是《美国新闻》的编辑只是挑选了一些和评估目标看似相关的变量。他们研究了高中生的SAT（学业能力倾向测验）成绩、学校的学生教师比和录取率。他们统计了顺利进入大二的新生占总数的百分比和顺利毕业的学生占总数的百分比。他们计算仍在世的已毕业校友为母校捐款的人数占总数的百分比，他们给母校捐款很可能表明他们喜欢母校的教育。排名

---

① 奥尼尔.算法霸权：数学杀伤性武器的威胁[M].马青玲,译.北京：中信出版社,2018.
② 奥尼尔.算法霸权：数学杀伤性武器的威胁[M].马青玲,译.北京：中信出版社,2018.

结果中占 3/4 权重的分数都来自一种算法——一种被公式化了的主观观点，这种算法就包含以上那些变量；另外占 1/4 权重的分数则来自全美各地的大学校长的主观评价。《美国新闻》第一次依据数据确定的大学排名于 1988 年出炉，从表面上看，排名结果没有太大问题。但是，当这一排名发展成全美标准时，恶性循环出现了。关键问题就是，排名会自行巩固。如果一所大学在《美国新闻》所发布的排名中名次靠后，它的声誉就会下降，生源情况就会恶化，优秀的学生会避开这所大学，优秀的教授也一样，已毕业的校友将减少捐款。由此一来，这所学校的排名就会继续下跌。简单来说，排名决定了大学的命运。

其实我们前文说过的"养号"也是一种算法——计算账号使用者的评价信用程度，信用评价高的，在新的点评中会优先显示，权重更高。虽然平台的出发点是好的，但故意"养号"给自家明星作品"注水"的行为，就是利用算法作弊。

问题是，这些数字杀伤性武器是正发展得如火如荼的数据经济的核心。"大数据"一词掩盖了算法是如何窃取个人隐私，并将个人命运置于算法的控制之下的。从业者倾向于用数据代替具体的人，致力于把大众转变成更有效的消费者、选民或工人以达成某个自私的目标。[1] 比如"大数据杀熟"——使用不同手机型号的用户在浏览相同的订票时段机票或酒店价格时，会出现不同的显示。那些用价格更贵的手机的用户，页面显示价格也高；手机比较便宜的用户，页面显示价格会低一些。我本人就经历过，在一款租车小程序上，曾在该平台租赁过的我查询到的日租价格，比没有租过车的用户高出十几元钱（并不包含新客户优惠，而是指页面显示价格）。

具体到新闻信息领域，算法集中体现在你看到的信息内容及其排列、重要性标识都是由他人来决定的。而且我们并不知道这个"他人"，到底是一个具体的人，或是一个具体的机构，还是一个虚拟的计算机程序。但我们接触到的信息，会影响个人决定，决定又会影响社会发展，甚至影响整个社会在某项工作上的

---

[1] 奥尼尔.算法霸权：数学杀伤性武器的威胁[M].马青玲，译.北京：中信出版社，2018.

面貌。

从新闻生产的角度讲，考察外部环境，互联网新闻信息生产面临着包括技术革新和社会监管环境等诸多影响因素，在题材突破、可信性以及平台壁垒方面也还有着许多难题。内部机制上看，网络媒体从业者数量庞大，水平参差不齐也是网络原创新闻业目前存在的难题（劳动和社会保障部 2005 年估算的数据是近 300 万人，当时预计 10 年内网络编辑总增长量将超过 26%）。也就是说 2015 年保守估计网络新闻从业者人数在 370 万人左右。

随着传统新闻媒体在人员数量上的压缩，目前很多新闻专业学生已经很难进入正规传统媒体进行专业新闻实践训练。取而代之的是各类新媒体公司，成为应届毕业生的选择。传统媒体即使招收应届毕业生，也希望年轻人能够来充实互联网媒体（微信、微博、新闻客户端）平台的报道编辑力量。

说到这里，还记得前述新闻专业的基本要求吗？公平、客观、公正，在具体新闻实践中如何传承？公平、客观、公正，应该由计算机来评价还是由特定人员来评价？这些无疑都是具有挑战性的话题。新闻工作者与算法和平台，在创新和传统之间，势必要进行一场博弈，这场博弈关乎新闻职业的合法性和继续存在的理由。

第四章　打破规则：媒介技术与新闻生产常规

　　介绍完什么是新闻生产以及现有的数字媒体技术对新闻生产的影响后，我们来谈谈新闻生产常规，也就是具体介绍一下新闻编辑室是如何运作的，并解释为何要这样运作。

　　要谈新闻生产常规，还要从组织社会学说起。组织学是一门相对比较年轻的学科，跟新闻学可谓是兄弟学科，但是在后来的发展中，组织社会学的研究者和研究方法被应用在新闻生产领域的研究中，也就有了新闻生产社会学这一新闻生产的分析模式。主流的新闻生产分析模式，除了新闻生产社会学，还包括政治经济学和文化分析。[①]新闻常规究竟包含哪些内容，学者们并没有统一说法。同时，新闻常规是一个动态过程，与技术的发展、政策的调控，乃至用户需求的变化、参与的程度都有直接联系。相比社会上其他工种，新闻工作是相对不确定的，涉及面广且影响巨大的。因此，在组织层面上，新闻业有必要通过发展常规来提高效率和准确率，以保证自身的运作和传播效果。

　　按照休梅克（Shoemaker）和瑞斯（Reese）的定义，新闻常规是新闻工作者用来完成工作的一系列模式化的、常规的、重复的实践和形式。[②]新闻生产的研究浪潮开始于20世纪70年代，社会学家盖伊·塔奇曼（Gaye Tuchman）在1978年

---

① Schudson M. The sociology of news production revisited[J]. Mass Media and Society, 1991(3): 141-159.

② Shoemaker P J, Reese S D. Mediating the message[M]. White Plains, New York: Longman, 1996.

出版了《新闻制作：现实建构的研究》（*Making News：A Study in the Construction of Reality*）一书，国内译本名为《做新闻》，这是由她 1972 年的博士论文修改而来的一本专著，博士论文原名《新闻与新闻人的现实构建》（*News，the Newsman's Reality*）。她在这本书里提出了新闻框架理论："日常活动中的片段细节，是怎样进入记者的现实时空视野的；有些细节之所以不具有相关性，是因为知识是按不同等级来存储的吗？有些细节是因为被看作社会生活常态而未引起注意吗？有些细节是因为新闻工作者的职业眼光而没能被注意的吗？如果社会生活中的每个细节都被认为是特殊的现象，那么个人和媒体组织怎样加工这些信息？"[①]

总的来说，新闻生产的常规主要说明新闻从业者是如何决定报道和不报道什么的，新闻的发布与用户看到之间有哪些流程步骤，以及在面对日常新闻和突发新闻等不同情境下，编辑记者的处置方案是什么。由于传统媒体（报纸、广播、电视台）的生产常规已经有许多介绍，在此不再赘述。本章中，我们将主要考察在线新闻生产人员的构成、工作流程、考评机制。

第一节　在线新闻生产常规

互联网改变了新闻生产的时空，以前记者需要出去跑新闻，现在可以坐在办公室里通过电话连线、视频语音等方式进行新闻采集分发。网站新闻编辑室内部，信息来源、人员构成、生产的机制都与传统媒体显著不同，本节主要考察在线新闻生产的信息来源，着重分析在线新闻生产的时空分配，初步描述不同内容的生产流程及常规。

首先，回顾中国网络新闻历史，对新闻网站有两类划分。学界和相关管理部门的分类稍有区别，但总体而言资本属性和行政属性是划分标准。其中，以周葆华为代表的学界研究认为，新闻网站可以分为三类：一是商业新闻网站；二是中央

---

① 塔奇曼.做新闻[M].麻争旗，刘笑盈，徐扬，译.北京：华夏出版社，2008.

新闻网站；三是地方新闻网站。[①] 从管理部门的角度，国务院新闻办也对新闻网站的类型做了划分，根据创办主体的不同可分为：由政府主办的新闻网站，如 2000 年 5 月 25 日正式上线的由北京市委宣传部主办的"千龙网"等；由新闻机构主办的网站机构，例如新华网、人民网及各传统报刊的网络版等；再就是由其他资本主办的商业网站，[②] 新浪、搜狐、网易、腾讯等均属于这类网站。如果将这些新闻网站进行划分，按资本属性可分为国有网站与商业网站两种。以商业资本为背景建立起来的新闻网站，在中国特指门户网站。在 Web 1.0 时代，门户网站基本等同于商业性新闻网站。但是随着用户对信息需求的增加和市场的发展，商业性新闻网站的外延有所扩大，包括各门户搭建的自媒体平台和新兴的新闻信息内容聚合类移动应用（App）等渠道都被吸纳进来，如今日头条、天天快报等，共同定义了自媒体时代的商业性新闻网站。

相比之下，美国对新闻网站的划分与中国类似，但比较宽泛，可分为以下四类：一是指包括《纽约时报》《华尔街日报》等在内的传统新闻媒体的网络版；二是指像雅虎新闻等囊括众多新闻来源的门户新闻网站；三是指一些由个人运营的新闻类网站；第四类则是以 Digg[③] 等为代表的内容聚合共享媒体。[④]

一、在线新闻编辑室的人员构成

从事新闻生产的一线工作者，决定了新闻生产工作日常的面貌。无论是传统媒体还是门户网站，新闻采编部门通常是人员数量比较多的部门。由于公司结构不同，拥有新闻网站的几家大型互联网公司，同时还有游戏、软件等多业务条线，因此并不能单从人员数量上来衡量网站在其业务中所占比例和重要性，因为往往信息门户是用户最熟知的业务，也是建立公司品牌的切入口。比如搜狐网既有门

[①] 周葆华,谢欣阳,寇志红.网络新闻从业者的基本构成与工作状况——"中国网络新闻从业者生存状况调查报告"之一[J].新闻记者,2014(1): 7.

[②] 张志安.互联网如何影响我国新闻业[J].传媒,2012(12): 57-58, 59.

[③] 作者注：Digg 是一家成立于 2004 年的以科技新闻为主的网站，用户可提交新闻并有机会被展示在首页。

[④] 谢新洲,王秀丽.从美国新闻网站的经营理念看我国新闻网站的发展[J].新闻战线.2009(1): 67-69.

户业务，也有搜狐新闻App，还推出了搜狐视频，而搜狐旗下公司也涉猎游戏业务，搜狗搜索引擎曾经也隶属搜狐旗下。再比如腾讯新闻隶属腾讯网，腾讯公司旗下业务包括QQ、微信、腾讯视频，以及各类游戏等。今日头条曾经包括头条App和抖音两大生态系统，后来今日头条和西瓜视频等尽数并入抖音板块，教育、游戏、TikTok和To B业务也分别独立成大板块，截至2021年形成了抖音、大力教育①、飞书②、火山引擎③、朝夕光年④和TikTok六个业务板块。

回到在线新闻业务，根据关注内容领域不同，网站被划分为不同的内容频道：政治、军事、时事、社会、体育、财经、娱乐、时尚等不同领域被区分开来，以条线为维度做相应部署。有鉴于移动新闻客户端和自媒体的发展，有一些门户网站将新闻客户端的运营和传统网站网页端门户运营分开，但大多数是倾向于让编辑"双肩挑"，即同时顾及移动端和网页端两套编辑系统，对两个平台的内容进行发布和更新。

具体频道内部人员构成为：编辑、副主编、主编、总监、总编辑、设计（技术人员，负责解决小的设计问题和专题代码问题等）。其中编辑是一线工作人员，负责日常新闻的过滤、新闻转载、标题改写、CMS（content manage system，内容管理系统）发布修改操作、更新推荐位置。随着技术的发展，推荐位置已更新为算法推荐自动刷新，但页面关键位置如焦点图、要闻头条、专题栏目等内容基本是以编辑更新为主的（详见图9）。所以，在某种程度上讲，一般编辑做的不仅是脑力活儿，也是技术活儿，外加体力活儿，要会新闻编辑、图片编辑、视频编辑、网站页面制作等等各类技能。

---

① 作者注：字节跳动旗下教育类独立品牌。
② 作者注：字节跳动推出的企业协作与管理平台。
③ 作者注：字节跳动旗下面向企业的技术服务平台。
④ 作者注：字节跳动旗下游戏研发与发行公司。

图 9　新闻网站页面示例

来源：新浪新闻，2023年4月15日

　　总编辑或总监不太参与具体新闻内容的运作，而是对栏目建设、频道发展负责。

　　主编和副主编对具体频道的内容负责。其主要工作是传递上级对频道的编辑方针政策、指导意见，这里的上级既包括总编辑、总监，也包括相关的监管部门。主编和副主编指导编辑完成选题策划，组织例会，评价编辑实际工作。

　　这里需要指出的是，并非所有网站新闻工作人员都有新闻采编资质，但体育、娱乐、时尚等频道具有比较灵活的采编方式，也设置所谓"记者"岗位。后期随着开放媒体平台及自媒体的发展，门户网站记者岗位被明显地压缩，大量记者转岗编辑或者运营人员。当前网站新闻编辑中，女性多于男性。周葆华、查建琪在 2017 年所做的《网络新闻从业者生存状况调查报告》显示的男女性别比例差距更大，研究发现，网络新闻从业者女性比例达到 57.1%，男性为 42.9%。① 从业经历方面，以 2018 年笔者所在机构观察到的为例，正式编制员工共五人，其中两人具有传统媒体（报纸、杂志）工作经历，另两人从新闻院校毕业后就直接就职于商业门户任编辑，还有一人在从事编辑工作之前没有接触过新闻行业。

除了编辑，门户网站还设有商务拓展岗位，这一角色也会对新闻生产产生影响，其中商务主要负责栏目冠名等活动，拓展则负责组织频道层面的活动，例如举办论坛、沙龙等，但工作中涉及内容的采编仍是需要编辑来完成的。当然，公司层面也会有相应的商务拓展职位，但负责的具体事务有所不同，例如组织公司层面的交流、互换内容、商务策划等，这种情况也属于间接地参与了内容生产。

二、在线新闻网站工作时空流程

新闻记者的工作从来都不只是一项脑力劳动，虽然不必像传统媒体记者承受风吹日晒雨淋，但网站新闻编辑依然要付出"体力劳动"，具体表现在工作时长、工作量、工作紧迫感。

以某门户网站 2015 年的新闻生产为例，新闻频道（不包括军事、经济、科技、娱乐等频道）编辑每天大概要发出 2 万条内容，其中精选 200 条，精编 30 条。而且一年 365 天的更新从不间断，也不存在纸媒节假日休刊的情况。

一般而言，新闻频道的地位十分重要，值班会根据情况分为早班和晚班。其中早班编辑上班时间为早上 7：00，下班时间为下午 3：30—4：00，如果有突发事件会加班。晚班分为小夜班和夜班，小夜班编辑工作时间为下午 3：30—00：00，夜班编辑工作时间为 00：00 至次日清晨 7：00。这种排班保证了 24 小时均有编辑在岗。同时，总编辑、总监层面会有值班领导轮值，遇突发事件须及时进行人员调配和部署。当然现在也有网站因为夜班编辑难招、成本高以及内容自动技术抓

---

① 周葆华，查建琪.网络新闻从业者生存状况调查报告[J].新闻与写作，2017(3): 17-23.

取更成熟等原因，取消了夜班编辑。总体而言，早班编辑、专栏编辑、总编室及值班编辑、记者构成了互联网新闻生产的几个主要部门。在此将各班次工作流程详述如下。

早班编辑和记者：早班编辑不仅要转载昨晚传统媒体报道的内容，还要对新闻做第一层的基础判断：是否能为读者提供更多的信息。所以如果取消夜班编辑，早班编辑的工作量会有一定的增加。具体流程上，早班编辑上班第一件事是看上一个班次的交接日记，内容包括频道新闻已经关注、发布了哪些事件，哪些事件是可能需要持续关注的，竞品网站做了哪些动作？如果已有媒体跟进，且所在公司采买了该媒体版权则可以转载。如果是原发新闻，还未有报道，编辑或自行联系消息源，或与记者联系，查证事实，请评论者做出相关点评，撰文发布，并根据事实的具体情况，判断是否要做策划专题。如果做专题策划，需要记者再提供哪方面的新闻报道，或者现有报道如何补充新闻素材，这些都是由编辑决定的。在9点普通班编辑上班后，策划工作交给普通班策划编辑或相对应栏目的编辑做。

例：某年某月某日，某单位出台了某项政策。编辑层面需要考虑的问题思路如下：转载权威信源信息——第一时间将信息传递给读者——寻找相关评论——从微观层面为读者带来解读：政策的出台会对读者造成哪些影响——梳理相关政策历史——从宏观层面解读一系列政策出台的背景因素。

专栏编辑：由于采编权的缺位，制作专题策划成了门户新闻弥补一手信息缺失的重要方式。专题策划可以为读者提供单一新闻报道以外的视角、评价，在纵向和横向上扩展信息的维度。专栏编辑的工作一般集中在专栏制作。专栏编辑通常是由经验丰富的编辑来担任的，这些人通常有传统媒体背景，但并不绝对，随着人员流动的加速，新人直接上手也并无不可。由于具有传统媒体采编经验的人员在思维模式和操作方法上已经形成了一定的惯例，所以专题报道的思路会与传统媒体趋同，但在表现形式上更加丰富，灵活程度更高。

总编室：与传统媒体一样，新闻网站也会设立总编室。总编室负责网页端首页，特别是要闻区的更新和运营（参见图 10）。值班编辑则负责本频道二级页面、三级页面（参见图 11）的更新和运营。

图 10 中新网首页，由总编室负责；上方的"即时""时政"等内容即为各频道

图 11　中新网财经频道页面，由财经频道编辑负责运营

　　除了排班制，网络新闻从业者工作的时间还呈现出碎片化特点。网络新闻编辑对新闻的关注是不限时间地点的，如果发现了新闻线索，会及时通过内部群组（如公司社交软件，通常每个网站都会有自己的交流工具，这一方面是基于商业门户的技术背景，一方面是为了信息保密）进行共享讨论。这时主编会判断新闻价值，决定是否报道，并安排如何以策划或者聚合的形式将内容呈现给用户。值得注意的是，信息传递和交流的手段极大影响了网站内部新闻工作者的工作流程和方式，编前会等内容通常在线上完成。

综上，在线新闻机构通过总编室、值班编辑、频道编辑、专题编辑等分工，根据早晚班进行排班，从而保证不间断的新闻更新和推荐。在前算法时代，考虑到用户的新闻阅读习惯，其中重点的工作时段为如下几个。

新闻阅读时间有三个高峰，编辑要在这三个高峰来到之前手动更新70%以上的页面。这三个时段分别为早高峰（7：30—8：30）、午高峰（11：30—14：00）、晚高峰（19：30—22：00）。移动阅读及新闻客户端时代，早高峰和午高峰基本不变，可能会较网页页面访问高峰提前一些，晚高峰则增加了17：30—19：30时段，这一时段是下班高峰，人们通常会在公共交通上看新闻，因此造就了一个新的新闻阅读高峰。可见，社会生活方式、新闻传播方式和新闻阅读设备共同影响了人们的新闻阅读情况。

早晨7：00—9：00时间段，一般是整理转载各家传统媒体凌晨出街的新闻信息，并通过更新页面，在首页位置推荐展现等运营手段，突出重点，让用户最方便地接触到新闻。

上午9：00—12：00时间段，值班编辑和频道编辑会关注同类竞品网站、社交网络热点。一般要闻区的新闻会尽量避免持续展示4个小时以上，即使遇到重要新闻，新闻本身保持不变，但也会通过更改标题等方式更换新闻点以吸引读者。

下午12：00—晚12：00时段，考虑到用户信息阅读的需求，网站可能会推出一些特定栏目，例如腾讯新闻曾在每天傍晚推出"新闻哥"栏目，力图以轻松幽默的方式，对当天发生或被热烈讨论的新闻做集锦式回顾，同时辅以用户精彩评论，再加上编辑的点评，生动有趣，获得了一批忠实拥趸。

三、在线新闻生产报道路径

大家平时看新闻时会觉得形式、内容似曾相识，这是因为同类新闻的处理方法往往是一样的。在线新闻平台处理新闻报道时形成了相对成熟的流程，包括突发新闻的报道路径、突发新闻的专题操作流程、日常传统媒体新闻转载及商业门户原创内容的生产。

（一）突发新闻的报道路径

网上有句流行话叫："心疼小编。"这句话生动地刻画了新闻记者的工作节奏——忙。编辑记者们要随时监控新闻并进行报道，无论是白天还是夜晚，是工作日还是休息日。传统的信息传播环境下，新闻的传播范围总是有限的；但在数字环境下，新闻的传播并不受记者是否报道的限制。数字时代社交媒体的发展，让新闻事件的主体可以绕过新闻媒体自行发布信息。如果不想被"绕过"，网站编辑必须时刻监测媒体内容，也必须敏锐注意网上热议的新闻线索。要想在新闻报道中跟得上脚步，一套"常规操作"就显得非常必要了。

例如2016年8月14日凌晨21分，某影星通过微博发表离婚声明，一时间可忙坏了各位娱乐编辑。

首先，通过这位明星的官方微博账号发布出来的新闻，需要求证是否是其真实意图的表达。虽然一般情况下官方账号即可认为是该明星的个人意志表达，但数字账号存在被盗号的可能，因此谨慎求证是第一步。此时，夜班值班编辑要做的首先是将此事整理成一条简讯：即某年某月某日某影星在个人微博发布离婚声明，对此网友在微博有何评论，并附离婚声明及明星微博截图。

其次，值班编辑要通知负责娱乐报道的记者同事，因为后者有资源可以联系上明星本人或者其经纪公司，进行求证或获得独家回应。无论有无回应，求证过程需要补充在上述新闻中，甚至在标题中体现，即"记者独家获悉事件背后""记者获得独家回应"等诸如此类。

第二天早班编辑和策划编辑，分别需要对事件做跟进和挖掘。编辑主要负责当事明星的此前报道和周围人士的回应。比如：记者独家采访××身边人士，深度解读离婚背后内幕。再比如：某某的离婚早有征兆，看他们之前的真人秀就知道。回顾明星夫妻此前的公开采访片段或在节目中的互动表现。还有周边新闻系列策划：（1）回顾出轨男星女星系列文章；（2）回顾此明星出道以来有多不易；（3）请法律专家来解读如果一方出轨，孩子该如何判决等。凡此种种，不一而足，这些切入点其实都展现了国人在某些方面的集体观念，也可以通过调查互动方式，反映人们对这件事情的看法。

而且随着技术的发展，直播正成为新闻的一种业态，直播是技术为互联网新闻带来的一种便利，例如在马航失联报道过程中，门户网站基本都开放了 24 小时滚动直播的页面，第一时间集纳各种信息，为读者提供最快速最全面的新闻。而我们也看到在很多名人去世的报道中，记者挤在医院门口"等宣布死亡"的怪异景象。

（二）突发新闻的专题操作

专题最主要的作用是将突发新闻事件的最新消息以线性的方式展现给读者，让读者清晰知晓进展。通常新闻专题的制作使用内容管理系统中的集纳式模板，这种模板标配通栏头图，左上方是滚动焦点图，右侧为最新消息，以两栏或三栏多见（参见图 12、图 13）。在线新闻网站在多年的发展过程中，积累了一批可以适用于不同类型新闻的专题模板，有利于最快地对突发事件新闻进行反应。但伴随着移动阅读时代的来临，这种模板式的专题操作外在形式已经被大大简化，通常情况下有头图或视频，再加以区块分割的板块内容，集纳在移动阅读端，就可以称为一个专题。

图 12　通栏头图

来源：搜狐新闻专题

| 1 | 2 | 3 | 4 | 5 | 6 |

疑似残骸在南印度洋岛屿被发现

▌新闻视频

由于您未安装flash播放器视频无法播放，点击这里安装

导读：

2015年8月6日凌晨，马来西亚总理纳吉布在吉隆坡发表声明确认，7月29日在法属留尼汪岛发现的飞机残骸来自2014年3月8日失联的马航MH370航班。

失联515天终于找到你，可这不是我们想要的结局。

民航局官员：暂不能完全确认残骸属MH370

中国民航局信访调查中心官员在北京与20多名马航中国籍乘客的家属见面，会后家属引述官员的解释，称制造MH370飞机机翼组件的西班牙公司负责人正在放假，因此尚未能完全确定寻获的机翼残骸与MH370机机吻合。[详细]

专家：一片残骸远远不够 搜寻仍难测

仅仅通过单个残骸来倒推飞机可能的失事地点不能说完全不可行，但是难度非常大。因为单个漂流物受各种外部因素的影响太大，在500多天的漂流过程中，一次强对流天气或偶发大风浪等因素都会使飘浮物离开原先的海流区。[详细]

▌搜寻进展   更多>>

不忍说再见

哀悼

乘客：载239人，包括227名乘客(2名婴儿)，其中有中国乘客154名，机上乘客共来自于14个国家

航班号：MH370为马航航班号，中国航班号为CZ748

时间：3月8日凌晨0点41分由吉隆坡起飞，预计6时30分抵达北京，1时20分与苏邦空中交通管制台失去联系

独家

图 13   焦点图及最新新闻在专题中的位置呈现

来源：搜狐新闻

虽然网页端的专题页面形式已经式微，但是专题页面的模式是新闻专业性的典型体现：新闻是一项团体协作工作。在专题搭建过程中，编辑各有分工，有专门负责发布最新消息的，有对新闻分析总结进行跟进的，有搜集外围资料的，还有进行可视化图表制作的。各位编辑协同工作，最大限度满足新闻全面、快速的要求。在此基础上，编辑会携手记者通过增加专家采访及多媒体影像、图表等多种方式来丰富和完善新闻信息。同时，专题也是在线新闻的栏目品牌，体现了其处理新闻报道的能力和理念。

第二节   在线新闻的信息来源

对新闻来源的了解，能够帮助读者在纷繁的新闻环境中理解哪些信息的可信度高，哪些则不然。当前在线新闻信息来源主要分为四种：一是传统媒体报道；二

是在线新闻的原创内容；三是社交媒体信息或新闻当事人；四是政商来稿。

一、在线新闻与传统媒体的竞合

数字媒体时代，在线新闻网站不断革新机制，通过快速转载、多方集纳，梳理新闻线索、组织评论等专题形式参与新闻议程的构建。同时积极寻求外部合作，例如，腾讯与全国多个地方传统媒体合力打造地方门户，例如"大浙网""大辽网""大闽网""大楚网""大湘网"等，还与《新京报》合作推出了视频新闻项目——"我们视频"，在诸多新闻事件中积极参与报道并形成了一些有影响力的报道。早在 2016 年 3 月两会期间，《新京报》就联合腾讯进行了连续 16 天的新闻直播，在《新京报》及腾讯新闻各平台累计获得浏览量超 1 亿人次，累计播放量近7000 万次。[1]2016 年 7 月 11 日，《新京报》进一步携手腾讯创办了"我们视频"部门，主打短视频新闻及新闻直播，这些新闻内容和视频直播可以直接从腾讯新闻客户端上收看，也能同时在腾讯的多个渠道分发。双方以腾讯的技术+《新京报》的影响力为基础展开合作，"我们视频"原始团队成员全部来自《新京报》原社会新闻部的突发记者小组。[2] 2016—2018 年，"我们视频"人员从个位数扩充到百人，已接近报社采编团队的 1/3，团队成员平均年龄只有 26 岁。[3]

而网易、搜狐、新浪等门户网站也吸引了大量传统媒体入驻，新闻网站从转载者转变为中介平台，新闻网站和传统媒体的合作关系也从版权采买合作，转化为了流量收益分配。如果将新闻网站看作树，新闻内容是树上的果实，那传统媒体就是这棵树的根茎。作为新闻信息的权威生产者，传统媒体是新闻网站的信息来源。新闻网站设有媒体拓展部或版权采购部，向传统新闻生产者，例如报纸、通讯社、图片社采买内容。采买一般以年度形式进行，即签订年度合作协议，在协议时间段内，可以转载相关媒体的任意报道，或采用相关媒体的图片。

---

① 王艳.《新京报》"我们视频"原始团队的新媒体转型研究[D].南京：南京师范大学, 2017.

② 王艳.《新京报》"我们视频"原始团队的新媒体转型研究[D].南京：南京师范大学, 2017.

③ 独家 | 拔节生长停不下来，新闻短视频就看"我们"了[EB/OL].(2018-09-11)[2023-10-16].https://mp.weixin.qq.com/s/FtQzV18Um-jblp9o_BUHJQ.

　　理论上为了更新更完整地呈现内容，新闻网站可以采买海量内容，但实践中却并非如此。因为媒体产出的内容质量有优劣之分，同一内容和类型可能有不同家媒体报道。受媒体采购经费预算的限制，新闻网站也不可能采买所有媒体的所有内容。媒体内容采买的策略一般包括两部分：一是国家级通讯社和报纸的内容需要保证购买，例如新华社、《人民日报》，因为它们是重大新闻事件和决策发布平台，以免遗漏重大新闻。二是提前做规划，在可预见的范围内，从有重大事件报道权的媒体做采买。例如在奥运之年，对体育媒体的采购可以加强；当年有重大活动发生的地方媒体，也可能被列入采购清单。

　　近年来，国内主流通讯社和主流报刊内容采购的年成本高企。除了以现金方式进行版权内容购买外，也出现以流量换内容的做法，即网站将新闻流量的广告曝光权益让渡给传统媒体，部分传统媒体凭借自身内容优势，也能获得不错的广告收益。但总的说来，在传统媒体式微的市场背景下，内容采购紧缩问题日益严重。

二、在线新闻的原创与自制

　　OGC的中文含义是职业生产内容。新闻网站的OGC以新闻采编专业为前提，产出的创作内容属于职务行为，因此在线新闻的原创内容也可以称为自制内容。虽然也存在采访过程，但网站不用自采而用自制的概念，因为商业新闻网站理论上没有新闻采编权，所以整合制作可能更为贴切。从门户网站时代开始，各网站便极为重视OGC，这是凸显网站品牌的显著标志。

　　新闻网站的OGC多以专栏形式出现。例如网易的"轻松一刻""热观察""大国小民"等栏目延续至今。搜狐也对OGC有过一段时间的集中发力，推出"神吐槽""热辣评"和"鲜知道"等栏目，获得了一批用户拥趸，后来还开设了"开心一刻""红人红事榜"等栏目。腾讯在OGC方面有比较全面的布局，所推出栏目受到了很多用户的喜爱，例如"新闻哥""影像力"等。

三、社交媒体或新闻当事人

社交媒体已经不仅是新闻网站的信息来源，也是所有媒体从业者的重要新闻来源，同时，它也是新闻网站内容产品的多元化出口。

随着传播技术的日益发展，自媒体经历了博客时代、微博时代、公众平台时代。博客、微博时代，部分权威消息人士通过个人账号发布相关信息，因此也成为一种新的公开信息来源，编辑可能会对形式做些许修改。随着自媒体用户增加，自媒体平台运营功能不断完善发展，部分自媒体内容已经发展成为新闻网站的直接内容来源。这些信息的编辑上传发布均由个人完成，形式基本完整，编辑只需要将信息推送到适合的网页位置呈现给用户即可，这也解释了为何各个平台都要争夺有影响力的KOL入驻本平台。2002年8月，方兴东、王俊秀引入"博客"概念并创办"博客中国"；新浪、搜狐等随后聚拢了一批各行业名人，网民通过博客与名人拉近距离，中国互联网开启了Web 2.0征程。微博时代，140字的短小片段表达和移动上网设备的普及，让这一距离再次被拉近。大V成为常见的新闻来源：2017年9月，新浪微博认证为"并购专家、中国金融博物馆理事长"的@王巍W发了一条微博，称"最励志的终身创业老人褚时健于9月13日逝世"。随后褚时健创立的@褚橙庄园官微和云南当地的《云南信息报》都进行了辟谣。[①]虽然这条微博不到半小时就被王巍删除了，并且王巍已向家属致歉。但诸多媒体早已竞相转载，在社交媒体刷屏。[②]这是媒体的大意疏漏导致虚假消息流传的典型案例。假消息在新媒体环境下的复杂舆论场中发酵，即使在已经得到更正的情况下，真相却没有虚假消息的流传那样快速。王巍曾是土豆网创始人，彼时拥有粉丝380多万人，是较为可靠的消息来源。而褚时健的"去世"也有着新闻的显著特性：1928年出生于云南省玉溪市华宁县，红塔集团原董事长、云南省民族商会名誉理事长，中国最具有争议性的财经人物之一。曾被评为全国"十大改革风云人物"，

---

① 发布褚时健去世假消息当事人道歉[EB/OL].(2017-09-13)[2023-09-10].http://inews.ifeng.com/yidian/51978429/news.shtml.

② 年度虚假新闻研究课题组，白红义，江海伦，等.2017年虚假新闻研究报告[J].新闻记者，2018(1): 21-31

1999 年因贪污受贿被处无期徒刑、剥夺政治权利终身。减刑后，于 2011 被刑满释放。各商业网站的记者编辑看到王巍发布的消息后，没有进一步向王巍核实消息来源和细节，也不进行交叉求证，而是直接将他的博文作为新闻发布，造成虚假消息大面积传播。

从趋势看，一部分原由编辑主导进行的 OGC，转变为自媒体内容（PGC），各网站匹配了推荐资源，使自媒体内容的曝光率大大提高。从这个角度看，大 V 和平台是互惠互利的。

还有一些新闻当事人，在新闻事件发生前并非有影响力的大 V，但作为热点事件的新闻当事人及其家属，会主动或被邀约在社交平台发声，近年来的一些热点事件往往按这个模式曝光并引发公众注意。

不可否认，社交媒体为公众提供了发声平台，但也有个别平台把关不严，追求热点心切，造成恶劣后果：2019 年 7 月 4 日，浙江淳安 9 岁女童章子欣被家中两名租客以 "去上海做婚礼花童" 为由从家中带走，并从 7 月 7 日晚，家人与租客及女童三人失去联系。后经多方查找，7 月 13 日，警方证实子欣已经遇害，尸体在象山海域被打捞上来。在子欣遇害的消息公布后，百度 App 上一个名为 "章子欣父亲" 的账号发布了一条动态："刚刚得知我的子欣已经离开了这个世界，去了天堂，这一辈子我们无缘继续做父女，希望下辈子她还是我的女儿，让我能够继续照顾她……"（图 14），这则动态还被带上了 #杭州女童被游客带走失联# 的标签。这种情况下女童父亲发表这样的内容显得不合时宜，有媒体核实后称孩子父亲并没有发文。后经调查发现，百度官方认证账号 "章子欣父亲" 并非女孩父亲自己注册认证。

百度动态 ⊙ ⋮

 章子欣父亲 关注
9分钟前 被租客带走杭州10岁失联女童...

刚刚得知我的子欣已经离开了这个世界，去了天堂，这一辈子我们无缘继续做父女，希望下辈子她还是我的女儿，让我能够继续照顾她……
#杭州女童被游客带走失联#

图14 百度App中名为章子欣父亲账号发布内容截图

百度在回应中解释道：

1."章子欣父亲"账号是经过本人授权确认后开设的，初衷是为了聚集广大网民的力量，帮助家人尽早找到子欣。

2.该账号在最新一条信息之前所发的信息，都是经过当事人确认发布的。

3.子欣去世之后，百度新闻当值编辑联系了子欣父亲，在与父亲联系但未得到父亲确认的情况下，发布了最新一条动态消息。

4.当值编辑此举严重违反百度新闻管理规定，伤害了子欣家人和广大用户的感情，我们感到非常抱歉和羞愧。我们已经删除此条动态，对负责编辑予以立即开除处理，同时会全面复盘百度新闻管理机制。

这表明，该账号并非子欣父亲主动开设，而是平台得到子欣父亲的同意后，代为开设的。子欣父亲也并未发布上述动态，而是编辑认为"应该"发一条这样的信息，虽然联系了子欣父亲，但在未得到确认的情况下擅自发布，还带上了#杭州女童被游客带走失联#的标签。对此，《南方周末》评论道："其实，即使是经过章父授权开通账号，由编辑捉刀编写发布消息的行为也是违反新闻规范的。如果编辑采访到当事人，应该以采访报道的形式发布消息。但是显然编辑发布的消息没有当事人亲自发文更能吸引网民的关注。"[①]这句话指出了百度新闻的做法与传

① "编造"9岁女孩父亲推文，百度抢流量不应不顾新闻伦理[EB/OL].(2019-07-14)[2023-09-10].https://page.om.qq.com/page/OWzjfxvKiZLda3nGvovlzELg0.

统媒体新闻报道专业规则之间的差距，我们想不通百度编辑为何会认为自己有权发布这样一条新闻，我们更想不通这样的流量要来做什么用？子欣父亲发文事件，充分说明了一些媒体平台为追求时效和流量忽略基本新闻专业规范的问题，也暴露了平台为追求流量主动造假的可能性。

更有甚者，冒充当事人蹭热度现象也屡见不鲜。网络编辑记者专业性的缺位，让他们对这类假新闻更不设防，使这类假新闻的传播范围和影响范围更广泛，更正难度更大。据中青网报道，2020 年 12 月，陕西省咸阳市一高速路口发生一起打架事件，一白衣男子 10 秒内用三拳将两名黑衣男子击倒在地。在白衣男子公开道歉后，网上冒出一大拨自认黑衣男子的用户，其中点赞多者高达 3 万次。2021 年 8 月，河北秦皇岛又发生了一起类似事件，一位 17 岁男孩勇救 3 名女孩后不幸遇难。随后有疑似被救女孩社交账号的截图在网上流传，显示出被救女生对施救者态度冷漠，称不认识救人男孩，还回复网友称："求他救了？"此举激怒众多网友。8 月 9 日，又有一段疑似"秦皇岛落水被救女孩家属道歉"的视频在网上流传，一个自称是落水女孩哥哥的男性在直播中替女孩道歉，并在主页中发布大量女孩的生活照。后来证实之前的女孩社交账号和之后的直播账号，都不是被救者本人及其亲属。接连反转引发网民愤慨。另据报道，2021 年 2 月，由于卖拉面 15 年不涨价，"拉面哥"走红，仅 2 月 26 日至 2 月 28 日间，相关平台就处置了相关直播间 52 个、冒充"拉面哥"的账号 202 个。可见，引用社交媒体上当事人的"表态"需谨慎，"小编"需擦亮眼。

四、政商来稿

通常新闻网站各频道均设立公邮（频道所有编辑均能收到此公邮的信件），有信息发布需求或合作需求的公司，可以向公邮发送公关稿件。当然，是否选择刊登，如何刊登，对来稿是否进行修改，不同的网站处理方法不同。这种情况很难说是否属于媒体寻租，[①]但企业同媒体建立联系，受益的并非仅有企业，在发生特

---

① 作者注：寻租指政府官员、企业或个人凭借垄断地位或特殊手段追求超常经济利益的行为。引自中国社会科学院经济研究所.现代经济词典[M].南京:凤凰出版社,江苏人民出版社.2005.

定新闻时编辑记者也可以及时联络到相关人士。

第三节　在线新闻对事实的遴选

最初，门户网站靠着海量和丰富多样的内容来吸引用户，相比于"人无"，"我有"在这个阶段更重要。为此，网站丰富了媒介资源，拓展了媒介的边界，但随着行业竞争加剧，也对新闻从业者处理信息的能力和用户接受信息的能力提出了非常高的要求。对事实的遴选工作成为门户网站的制胜关键。

一、选题判断标准

在新闻专业主义的视角下，已经有一套标准来衡量报道的好坏，但这些报道能否刊登上网，很大程度取决于在线新闻编辑而非报道本身。类似传统媒体的报道分口模式（比如时政口记者、交通口记者、经济口记者，各自负责其所归口领域的报道），网站的编辑也只负责其所对应的频道，因此，他们也有一套"选稿标准"。

一是基于原创媒体级别的。一般情况下，编辑对大报大刊的消息会直接转载。对涉及同一议题的报道，也会以大报大刊的消息作为首选，不会选择不知名媒体。新闻网络是一个由信息采集人组成的等级体系，记者的信息能否被认定为新闻是由其地位决定的。编辑更喜欢采用专职记者的稿件，而不是临时聘用的特殊通讯员的稿件。[①] 同样，编辑更喜欢采用本单位人员采集的素材，而不是由通讯社提供的通用材料。

二是判断重要程度进行推荐，此时对新闻的遴选近似于传统媒体挑选头版内容和各版头条内容的操作。互联网新闻理论上是海量的，随着各类商业媒体、新闻聚合类App出现，有人认为新闻编辑的把关角色越来越被淡化。但反过来想，正因为信息渠道日渐增多，一则新闻要在海量的信息中崭露头角，争夺更好的展现位置，就取决于网络编辑的把关。

---

① 塔奇曼.做新闻[M].麻争旗,刘笑盈,徐扬,译.北京:华夏出版社,2008.

互联网时代，如果一条新闻只是被发布出来，很容易被海量信息淹没，发布后能否得到推荐才是关键。新闻门户网站推荐位置可以分为以下几种：

1．网页版二级页面、一级页面；

2．网页版首页明显位置（焦点图、左上部的要闻区）；

3．新闻App的二级页面；

4．新闻App的一级页面的明显位置（焦点图、首屏）；

5．自媒体聚合资讯平台的推荐位置。

通常编辑对这些位置的发布推荐具有决定权，这也是商业门户扁平化管理的一种体现。除非是特殊议题报道或者专题策划，日常新闻编辑基本可以决定头条及重要推荐位置放哪些新闻。但这显然并不是随便放的，因为什么样的新闻报道应该放在头条、焦点图或者重要位置，有一些被广泛认同的规则，例如网站首页要闻区（通常默认是左上方的区域），新闻首页、客户端首屏等高流量位置，必须是规范稿源，即必须是转载自官方媒体的报道。

三是情感因素显著影响新闻生产过程。国外有学者考察了数字新闻编辑室对即时通信软件WhatsApp（可以理解为国外版微信）的使用情况，发现社交媒体已经是新闻采集活动的"基础设施"。媒体人员，尤其是记者，早已利用这个平台来分享和接收信息，并且与他们的消息来源保持稳定的、有时是更私密的联系。这在专业和个人层面影响着记者和消息来源的关系：一方面，聊天软件成为公众分享、接收信息的主要方式，记者原有的专业优势大大弱化，这改变了传统新闻采集活动的固有边界和结构；另一方面，记者和用户（受众）也通过社交工具建立了更亲密的联系，使情感因素以更显著的方式影响新闻生产过程，对数字时代的新闻职业道德考量提出了新的要求。[①]

在国内，虽然还没有太多这方面的研究，但在2016年6月，《中国日报》发

---

① Moon R. Moto-taxis, drivers, weather, and WhatsApp: Contextualizing new technology in Rwandan newsrooms[J]. Digital Journalism, 2022, 10(9): 1569-1590.

表了《微信：新闻工作者欲罢不能的新工具》①一文，作者在文章中这样写道：

从周一到周五，每早 8 点我们都会召开当天的第一次编务会议，简要介绍《中国日报》当天的选题情况。与会编辑来自不同新闻部门，他们通常携带着自己的手机而非笔记本参会。

我们在微信平台上创建了微信群，分享、讨论新闻热点以及发布最新新闻。你可能会认为这已经成为一种典型的会议形式，我们通过这个电子平台讨论、推广有关新闻。但事实却是，我们越来越痴迷于微信，这既是工作要求也是个人所需。

粗略统计，我加入的微信群里，至少有 20 个相当活跃，这使我一天中不得不频频地查看微信消息，其中有 10 个是工作群，5 个是家庭群，剩下的 5 个是同学和朋友群。

无论身处何地，社交媒体可以使人们不被局限于办公室开展工作；无论是否处于工作时间，它亦可使人们全天候处理工作事宜。

除了这些群组，我们的技术通一代还会在新的选题和计划出现时创立无数个新闻讨论群。例如，为了赶在 5 月 1 日增值税改革推出之前发表一篇与此相关的深度报道，我们立刻创立了增值税报道小组讨论群，群成员由来自宏观经济报道、零售行业和金融领域的记者组成。

事实上，大部分报道任务都是通过微信发布，大部分工作群讨论、每日新闻预算公告以及办公室通知的发布都是通过微信实现。我总是情不自禁、有感而发：微信是一项多么了不起的发明啊，它大大提高了人们的沟通效率。

（略）

有时候我会想：随着微信之类的社交媒体更加广泛地深入我们生活，人们是否真的过上更加富裕、幸福的生活呢？老实说，我觉得在有限的时间和空间里，从一个群组跳到另一个群组，从一个话题跳到另外一个话题时，很难把注意力集

---

① 微信：新闻工作者欲罢不能的新工具[EB/OL].(2016-06-06)[2023-09-10].http://cn.chinadaily.com.cn/2016/06/06/content_25623788.htm.

中在工作上。这有点像马戏团的小丑在耍杂技——把球扔向空中，徒手努力让其中的三颗球保持运动状态不掉落。

（略）

我和家人的联系方式已经改成使用网络，这使得沟通变得更加简单容易。过去，我通过手机与河南郑州老家的父母取得联系，每周至少一次，大部分是谈论自己的生活与工作，有时候还会问问父母的健康状况。

就在四年前，我父母开始使用苹果手机，也创建了微信账号，现在我们几乎很少给对方打电话。我们通常只是发信息或语音消息给对方，有时候我还会和父母、妹妹进行群视频聊天。

我们之间联系确实更加频繁，但交流没那么深入了。

不得不承认，我们或多或少已经沉迷在社交媒体中不能自拔。马里兰大学（the University of Maryland）发布的一篇报道称，美国有 18% 的社交媒体用户无法做到持续几个小时不查看脸书。据估计，美国办公室职员有 1/4 的工作时间都在浏览社交媒体，做一些与工作无关的事。

坦白说，我需要再三思考社交媒体到底是推动了还是阻碍了生产力的发展？在得出答案之前，我最好还是掏出手机给远在 800 公里之外的家人打打电话。

从这篇文章中，我们能看到作者的纠结，似乎在夸赞微信，但又似乎隐隐地担忧着什么。与标题"欲罢不能"形成对照的是，对社交软件的使用已经不再是需求，而是需要。

四是流量成为选题判断的一个重要因素。常规意义上判断新闻价值的客观性、新鲜性、重要性、显著性和趣味性，当然还是编辑评判新闻重要程度的主要依据，但在互联网时代，已经不能单用这些无法量化的标准去衡量新闻价值了，因为量化概念已经出现，这就是"流量"，还出现了一个词叫作"流量担当"。例如文化娱乐报道领域，就是有那么一批人或者事，仿佛天然具有吸引流量的属性，有关他们的新闻，无论是正面还是负面的，都会吸引非常高的点击量和讨论量。因此负责文化、体育、财经、科技等各个条线的编辑，手头都会有一个名单：谁的流量高，有关他的新闻被推荐的可能性就会大很多。而这种流量的判断，与常规的新闻价值判断依据有可能重合，也有可能完全不重合。

例如，某 Z 姓女演员就是流量担当里的典型案例：基本上有关她的新闻都会出现在新浪微博热搜榜中。据不完全统计，2016 年全年她一共上榜 229 次，也就是说平均不到一天半就上一次热搜。通过她登上热搜的事件不难看出，女明星瘦了、胖了、又瘦了、又胖了，都能成为热搜的关键。即便微博热搜是可以人为操作的，但转载了这些热搜的商业门户或者新闻 App 上，该明星的流量相比其他明星也显然更高。这固然有推荐机制引导大众关注的原因，但亦可以之为例说明流量正在成为编辑考量的一个重要因素。

综上，可以洞察当前网络新闻生产中的一些"新"常规：当一件事成为热点，编辑的第一想法不是判断价值，而是生怕错过新闻，甚至人为地赋予这件事情意义。以某女星当街抽烟被狗仔记者拍下并曝光为例，网站编辑已经不满足于单纯曝光女星抽烟，而是向着更"深入"的角度挖掘下去：女星抽烟跟女权主义的关系；该女星少年出道，是不是为了帮助父母，而内心压力巨大；女星这么任性，放飞自我，是否有心理问题；等等。总之，网站编辑和自媒体编辑在信息爆炸时代，为了抓眼球，可谓穷尽心力。这也从一个侧面解释了为何这类软新闻总能出现在重要位置，因为这种新闻成为女明星、网友和编辑三方的合流之作：女明星获得了关注，编辑获得了流量，网友则可能从此获得谈资。

二、在线新闻原创报道

2014 年 10 月，国家互联网信息办公室和国家新闻出版广电总局联合下发《关于在新闻网站核发新闻记者证的通知》，通知要求在全国新闻网站正式推行新闻记者证制度。首批实施范围是经国家互联网信息办公室批准的且取得互联网新闻信息服务许可一类资质并符合条件的新闻网站，按照 2005 年颁发的《互联网新闻信息服务管理规定》，只有中央和省直属新闻单位以及省会城市人民政府直属新闻单位，才能申请互联网新闻信息服务一类资质。盼了十几年采编资质的网络编辑们，纷纷将这则新闻送上了网站"要闻区"，因为作为二类资质企业，商业门户只可进行转载不可进行采访工作。根据该管理规定，商业门户网站，将继续采购传统媒体和具有一类资质的新闻网站版权内容作为主要内容来源。随着传统媒体在盈利方面受到的冲击加剧，社会知识产权意识提升，新闻生产成本提高，商业门户网站获取新闻内容需要付出的成本也水涨船高。

综上，原创内容一方面是媒体身份的重要象征；另一方面也是降低内容生产成本，加强内容把控，减少对外界依赖，进而吸引读者的重要手段。

虽然商业门户网站寄希望于盈利模式的突破，但目前最主要的盈利模式还是流量售卖，吸引广告客户。随着移动互联网和在线流媒体视频的蓬勃发展，传统门户网站的广告收入也呈被挤压的态势。分析新浪、搜狐、腾讯、网易等门户网站2014年度截至第二季度的财报不难发现，传统门户业务已显现颓势，新兴业务（如在线视频广告等）随着商业化进程的加速，逐渐成为新的收入增长点。

面对广告市场的压缩和新闻新方式的挑战，商业互联网门户网站为了进一步降低成本，抢先占领移动端优势，均在原创新闻方面逐步加大了建设。例如腾讯财经在2014年就通过招聘原传统媒体从业者的方式加强原创内容，推出了财经深度报道栏目《棱镜》，并陆续推出了多档原创栏目。在视频直播时代，更是邀请到了原央视新闻的李伦加盟，举大力做好视频新闻业务。搜狐新闻早在2011年时就邀请北京某都市报原资深调查记者加盟，推出了《新闻当事人》等栏目。但随着公司业务方向的调整和人事变动，各网站在原创发力方面呈现了不同的走向。

根据现有互联网信息传播管理政策，门户网站所做的大规模原创内容主要集中在财经、体育、历史、文化、娱乐、传媒等领域，这些领域根据报道内容不同，对于新闻要素的侧重点和对信息素材的取舍也大有不同。这一系列内容生产的常规，呈现出与传统媒体新闻生产既相似又不同的外在特征，在震荡与分离间体现了网络新闻工作者的创造性。具体到编辑工作领域，按照写作内容分为特稿（包括调查报道）、突发事件、综合报道三类。

（一）特稿与非虚构写作

这类稿件在实际操作中难度最大，一方面需要记者对文章主题进行把控，从新闻风险、价值取向、可读性等多方面进行考虑。时政类的人物特稿报道要求记者组负责人及新闻频道负责人两审才能发出；社会新闻类报道也至少需要一审。另一方面，由于互联网的特性，记者在写作时还要注意选题的周期和热度，同时注重写作手法，追求文章的可读性，用细节描写、矛盾冲突等讲好故事。

近年来，非虚构写作也成为很多新闻网站平台在深度报道上的突破口。特稿写作广义上也称非虚构写作。特稿是在保证客观真实性的基础上，以故事形式呈现的新闻体裁。首届普利策特稿奖得主约翰·富兰克林在《为故事而写作》（1994）中指出："特稿是一种非虚构的短故事形式。"①

《中国青年报》于1995年推出的《冰点》特稿专栏是国内最早的特稿尝试，在当年底该报举办的大型读者调查中，以最高选票位居"我最喜爱的专版"榜首，在第三届中央主要新闻单位名专栏评选中，被命名为"名专栏"。随后《南方周末》《北京青年报》《新京报》等报刊纷纷推出相关栏目并出产了大量名篇佳作，但是随着互联网时代的到来，传统媒体受到结构性冲击，需要大量投入的特稿写作成为报社内部争议的焦点：有人认为特稿是打品牌的，即使亏钱也要做；也有人认为特稿耗时耗力收益低，建议撤销。互联网平台的加入，首先吸引了大量优秀的传统媒体特稿写作人才，又搭建了如"在人间""谷雨"等写作平台，为特稿写作开辟了一片天空。

（二）突发事件专题报道

突发事件报道首先应当注重采编速度，力求在最短时间内完成新闻发布。与传统媒体相比，新闻网站具有发布消息速度快、流程短、形式多样的优势，但劣势同样明显——采编能力可能存在不足。为了补齐采编短板，网站一般会在第一时间搭建专题，将能够搜集到的新闻信息全部呈现给读者，并辅以专业的评论来加深报道。

---

① 曾润喜，王倩.从传统特稿到非虚构写作：新媒体时代特稿的发展现状与未来[J].新闻界，2017(2): 29-33.

图 15　专题的头图及分栏导读

以搜狐新闻的马航失联专题①为例，在第一屏上最上方的图（见图 15），编辑一般称之为"头图"，是编辑根据新闻事件制作的，画面上显示有马来西亚航空公司的班机、雷达、地图，以及整个专题的标题："悲恸：这不是我们想要的结局，MH370 客机残骸找到"。

图 16　专题核心位置内容

---

① 搜狐新闻马航 MH370 报道专题页面[EB/OL].(2014)[2023-09-10].http://news.sohu.com/s2014/jilongpofeiji/.

屏幕中间的导读部分，展示了当时（新闻专题制作时）最新的消息（见图16）。

2015年8月6日凌晨，马来西亚总理纳吉布在吉隆坡发表声明确认，7月29日在法属留尼汪岛发现的飞机残骸来自2014年3月8日失联的马航MH370航班。失联515天终于找到你，可这不是我们想要的结局。

专题左侧是滚动图片和相关视频报道，右侧是独家（原创）新闻，包括新闻的解读《从确认残骸到发现真相有多远？》《MH370五大未解悬念》《大搜救背后的政治较量》。

第二屏和第四屏分别是马航失联及马航飞机残骸碎片发现之间的地理位置关系，以及马航失联前的最后7.5个小时都发生了什么，用图片的形式直观展现给网友（见图17）。

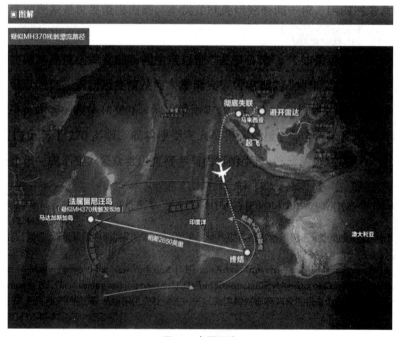

图17　专题图片

第三屏是乘客名单，表现了对遇难者的尊重和缅怀。

第五屏是客机失联原因分析，这些分析内容一般是转引自传统媒体的深度报道，比如MH370在万米高空可能遭遇什么，就是来自《新京报》的报道。

第六屏是科普，乘坐飞机的注意事项和飞机客舱座位哪里最安全。

第七屏是历史回顾，作为资料背景，介绍了国内外飞行事故。

最后是网友评论页。

网络新闻要特别查证新闻事实要素，即要对时间、地点、人物、事件起因仔细确认。由于新闻网站编辑一般并不做实地调查采访，所以稍不注意，就会变成"演绎新闻"。在《2017年虚假新闻研究报告》中，就有这样一个例子。2017年10月12日，东方头条国际频道报道《三名中国女子去韩国整容，回国时脸因与护照照片不符被扣机场！》，配图是三名头部包扎着绷带的女性坐在一起玩手机。新闻立即引发网友热议，迅速被各个自媒体转载，消息更通过微博大V等在社交渠道传播，[①]甚至被英、美、印度等国媒体报道。据媒体查证，这张图片最早出现在网友朋友圈，拍摄者表示拍摄地并非网传的机场和韩国海关，而是在免税店排队等待办会员卡。这三位女士的照片先是被网友传到朋友圈，最后又经过微博、网络媒体、传统媒体，甚至国际媒体，再回传到国内，构成了一整条假新闻链。虽然在信息源头上，微信朋友圈是封闭式分享，但在被微博转载后成为大众信息的源头，又通过媒体转载扩散。

（三）综合报道

综合报道是指记者通过已公开的新闻报道、资料等，对新闻进行改写。记者在改写新闻时首先要注意文章引用的资料，需要融会贯通，梳理出一条主线，方便读者理解。其次还需要避免照抄照搬，将引用的内容在文中或者文末指出，尊重他人劳动成果和版权。在实际操作中，记者需要填写选题单（这点和很多传统

---

① 三名中国女子去韩国整容，回国时脸因与护照照片不符被扣机场！[EB/OL].(2017-10-12)[2023-09-10].https://mp.weixin.qq.com/s/yZOP3wHNhvfi5fpQnRu3fA.

媒体没有区别，只不过很多时候操作流程被省略)，内容一般包括：选题名称、选题来源(线索链接和截图)、操作角度、新闻亮点等。在实际操作中，网络新闻可以随时修改和补充影响了记者新闻写作时的态度和做法，记者倾向以更简便的方式去操作，有时会放弃反复求证、论证的过程，选择阶段性呈现内容。

互联网不仅提供了新闻传输渠道，搭建了平台，更为发生在社会中的诸多新闻线索提供了聚集一堂的机会。但是，只通过网络交流或者电话采访很难还原事物全貌。更多时候只能就事论事，更不用说为读者提供事物发展的来龙去脉。因为时空关系，面对面的交流采访越来越少，让人产生了"不可靠"的感觉。虽然不能一概而论，但大部分的网络新闻所呈现出来的信息和反馈相比传统媒体而言是"浅显"的。

三、互联网思维与新闻专题策划

由于并非所有网站都有新闻采访权，因此新闻专题策划能够最大限度地展现网站的新闻"专业性"功底、新闻态度、互联网思维和交互能力。新闻专题策划推出的时机如下。

一是突发事件的新闻专题汇总，通过滚动新闻的图文或视频直播形式集中报道，并辅以对相关专家的采访，提供过往类似、相关事件的报道链接。例如马航失联事件(详见前文介绍)。

二是对某些特定活动和行业问题的深入解读。例如两会专题、春运专题，财经频道对央行下调存款准备金率的解读专题，国家广电总局对境外剧的引进政策性调控等新闻事件的解读。

三是固定栏目。从类型上看，网络新闻栏目可分为话题型、图表型、互动型等。例如搜狐就推出了"点击今日""数字之道""图述""谣言终结者""神吐槽"等，腾讯推出的"今日话题""新闻哥"等(见表1)。

表1　主流门户网站固定栏目一览（统计时间 2018 年）

平台	栏目名称	栏目说明
腾讯	新闻百科	新闻说明书
	今日话题	
	新闻哥	用吐槽来串联新闻
	全球锋报	携手全球资深记者，关注有价值、有深度、有看点、有温度的人和事
	较真	全民新闻查证平台
	中国人的一天	图片专栏，展现普通人的生活
	十三邀	名人访谈视频版
	新闻ING	腾讯新闻精编资讯短视频栏目
	玩主	人物梦想纪实类视频节目
	事实说	数据图表专题新闻
	新闻未知数	吐槽视频节目
	missmoney	有趣味的财经新闻
	贵圈	娱乐圈幕后规则，解读行业动态
	娱乐观	娱乐评论
	深网	腾讯科技推出的原创深度报道栏目
	入流	时尚频道
	影像力	图片专题
网易	轻松一刻	每周一至周五早八点
	热观察	时评栏目
	数读	数据化可视新闻，用图说话，提供轻量化的阅读体验
	人间	网易推出的非虚构写作平台
	三三有梗	热点梗跟进
	三三映画	观影指南
搜狐	神吐槽	热点视频版
	今日谈	时评栏目
	数字之道	数据化可视新闻，用图说话

第四节　网络新闻内容生产的"框架"

在 7×24×365（每周 7 天，每天 24 小时，365 天全年无休）的情况下，互联网内容生产已经形成了框架。这意味着在新闻发生后，编辑会有意识地依照流程处理，俗称"套路"。套路是个中性词，有时候新闻价值本与内容无关，是因为新闻价值的遴选在编辑这里是一种经过长期实践积累下来的习惯，它体现的是对过去某一问题的认知，而非现在或者未来的。而在线新闻对硬新闻和软新闻的操作方式不同，强化了这种套路。同时，及时可见的流量对网络编辑的影响，也强化了过往套路左右编辑决策的可能性。编辑的工作是为了控制流程，而不是规范流程，以便于新闻生产能够快速有效地维持下去。

一、连续性内容生产计划

有计划的内容生产是为了保持内容产出的连续性，把内容生产纳入可控制的范围内。在栏目固定的情况下，编辑部通过选题会确定内容主题。

例如，《中国人的一天》是腾讯网在 2010 年 1 月 1 日推出的一档人物纪实栏目。在栏目的策划上，该平台最初由图片策划、图片故事、强图打榜、摄影俱乐部、组图连放、365 天故事等板块组成。[1]2015 年的数据显示，栏目微信官方公众号粉丝超过 30 万人，PC 端每日点击量 200 万人次，单期最高评论数过万。[2]该栏目创立至今的十余年间，除记录了普通中国人的喜怒哀乐，也展开了各类合作项目，如"萤火计划"就是腾讯新闻联合中国摄影报社、中国扶贫基金会发起的，助力公益摄影师的内容生产的支持项目。

再比如节庆策划也是连续性内容生产的选题来源。以春节策划为例，新闻频道的编辑会根据现有新闻报道，综合呈现春节的方方面面，例如车票出售情况、农民工返乡情况等。财经频道可能会更关心农民工结薪、国家对外来务工人员返乡的相关政策等。文化娱乐频道会根据春节期间的文化娱乐情况做相应策划，例如春节期间即将上映的大片预告、春节期间热播的影视剧综艺情况介绍、文艺明星如何过春节等。

① 罗昕.新闻网站新媒体创新应用能力评价[M].昆明:云南人民出版社,2013.
② 田野,苗锦锦.中国人的一天:变与不变的中国人[M].北京:中信出版社,2015.

二、质量齐观的考评机制

新闻网站的考评可以分动态反馈和常规反馈。由于互联网扁平的特性，主编和副主编在查看到某一内容时会直接给出反馈意见，即动态反馈。网络新闻编辑页面具有可更改性，编辑可以随时对页面内容进行更改补充，避免层层反馈浪费时间。

常规反馈旨在对新闻内容质量进行评价，通常是新闻、财经、娱乐等频道的领导开会对内容进行点评和打分。衡量一定时间段（通常是一周）某一频道的表现情况。参考指标如下：错别字、标题、内容配比合理性、新奇角度，同时期其他新闻网站的对比，等等。打分结果会定期以邮件形式向全体编辑发送，一方面强化编辑对所在频道的责任感和归属感；一方面通过竞争促进对同类网站的检视和借鉴优点的意识，以期超越竞争对手。

此外，编辑部门还会定期就报道（标题、专栏）和专题策划进行评奖，一般是编辑或记者个人提交申请表格，表格内容包括申报奖项的策划或者新闻报道名，策划制作或报道采访思路，申报奖项理由。由总编辑和总监层面打分，以月或季度为周期，召开全体大会对获奖者进行奖励，同时鼓励获奖者分享心得，不断巩固编辑在具体实践中留存下来的新闻生产常规机制。当然这种方式也普遍存在于传统纸质媒体等单位，并非互联网新闻独有。

三、变革与灵活性

有人说，网络媒体是继报业、广播、电视等传媒形式后的"第四媒体"，与其他媒体相比，由于其自身灵活的体制机制，自我革新的频率更快，也能积极与其他媒体融合。这种自我革新使"新"媒体被快速地更新定义。更新始终以网络为平台，以多种呈现形式和多元内容热点为特点。但这并不意味着原创内容投入的高生产成本能带来直接收益，大张旗鼓进行原创内容生产和栏目策划，可能只是"赔本赚吆喝，但是还得吆喝"。往往在成熟的、可借鉴的模式尚未出现时，就会有冲击它的模式出现，比如商业门户已经由2014年的重金聘请知名媒体人发力原创报道，到2015年大力推广自媒体频道，2016年大力推广自媒体平台和直播。每一次变化都伴随着渠道的拓宽和报道的收紧，看似越来越多的平台，实际上优质内容越来越少。或许有一天，吃喝会戛然而止。

例如，腾讯有微信这一重量级产品，并发力新闻客户端，还一下子推出了两个：腾讯新闻客户端和天天快报，有腾讯视频的助力，再加上微信新闻插件的导流，形成了独具优势的新闻渠道。2015年，微信公众号热度持续；2016年，腾讯又举门户之力大力发展企鹅号。网易新闻主打"有态度"，其网友评论在业内独具特色。但据媒体报道，网易一直有分拆媒体业务的打算，其游戏、音乐等业务与网易新闻的融合度并不高。搜狐则在2014年开启了搜狐新闻客户端自媒体入驻计划，吸引自媒体进驻，丰富内容产品，对于严肃新闻的投入则有所下降。这几家门户当前内容信息业务的共性是"社交"，本质是发挥媒体平台上用户的自主性，让其成为内容产品的信息源、讨论者和扩散者。

在深度内容方面，腾讯推出了《棱镜》栏目，以每周一期的速度更新，同传统杂志保持了相似周期，但未能在速度和质量上超越传统媒体。当然，这跟社会现实环境有密切关联，受政策、经济等因素制约，商业门户原创栏目在2014—2017年开始迅速减少。

四、投入与产出效率比

由于平台型媒体主要依靠点击量和用户使用时间来变现，网络新闻的引爆点同传统媒体差异较大。一个原因是，传统媒体以高人力成本、高调查成本取胜的方式，在网络新闻媒体中难以大规模复制。另一个可能的原因是，传统媒体难以量化的阅读量，在网络上一目了然，媒体从业者无法在新闻审美和用户偏好上"产生距离美"了。

表2是新浪网一周新闻点击量排名。

表2　2014年11月10日—11月17日新浪新闻点击量排名

新闻标题	来源	方式	类别
国务院决定实施普遍性降费　每年将减400多亿元	中国新闻网	转载	时政
河北亿元贪官家中现金装40余水果箱有些已发霉	新京报	转载	时政

新闻标题	来源	方式	类别
胡德平：特殊利益集团是改革最大阻力	法制晚报	转载	时政
香港某天王女儿哭诉遭迷奸　男方被判无罪	新浪娱乐	原创	娱乐
百万粉丝学员大揭秘：富豪鲜肉萌妹纸	新浪娱乐	原创	娱乐
美媒称中国新丝路跳过菲律宾　菲方称感到孤单	环球时报	转载	际
杨毅：人生导师马刺	新浪体育	栏	体育
成都军区副司令杨金山被查　原因成谜引5种猜测	环球人物杂志	转载	时政军事
河北亿元贪官被指有钱抠门　一人吃饭只点面条	新京报	转载	时政

可以很明显地观察到，原创以娱乐、体育花边为代表，有较多的点击量。而从整个排名周期看，原创的深度内容上榜者寥寥无几。因此，以转载为主、原创为辅的商业门户网站，原创娱乐、体育新闻的点击量高过原创财经等新闻，高投入、低产出的不协调如何长久维系就成为问题。当然，也有门户网站并不在乎投入产出的不匹配，某财经频道副主编在接受访谈时就表示："我们在投入上并没有特定的限制，还是以能够做出优质、独家的报道为首要前提，同时也并不拘泥独家新闻只发在自家平台，自媒体时代，我们的内容是开放的。只要是通过合法授权进行转载的，我们都欢迎。"

然而，这一切的前提是，有资金可以供"内容创作"燃烧。

五、被强化的变革性组织制度

这部分我们探讨商业门户如何组织生产，并在这一过程中如何获得群体认同，以及这种认同对新闻生产产生了什么影响，在日常工作中如何一步步加强认同的组织文化。商业新闻网站通过规范化的管理流程、反复灌输和耳濡目染的革新观念，以及一定程度上的激励机制，完成了对组织文化的构建，同时在组织内部强化了资本主导者及读者的新闻审美趣味，虽然变化非常灵活，但也可能由于把关不严产出大量浅薄的同质化内容，毁坏媒体公信力。

（一）公司的仪式感而不是媒体的仪式感

企业文化学者埃德加·沙因（Edgar Henry Schein，1928—2023）认为，组织文化可以分为三个层面：第一层面是物质层，是我们每天可以看到、听到和感觉到的一切事物，包括日常行为、物理环境、信息的传播方式、管理形式、出版物等。第二个层面是"支持性的价值观"，它是指组织中以被证实的方式所表达的战略、目标和哲学，代表了组织如何向公众呈现看法的方式。第三个层面是基本理念，了解这一理念有助于理解特定机构的组织文化，而且有助于认识其他两个层面的文化。有关仪式感的讨论，以往更多出现在文化学中，但仪式感存在于我们生活的方方面面。在互联网公司内部，正是通过一系列仪式形成了其特有的组织文化，比如入职培训，各种不同类型的拓展活动，包括思维方式、思维能力、团队合作等；而在传统媒体，这种活动的数量比较少（至少在我从事新闻工作时是这样）。

1. 规范化的流程管理

与传统媒体集体式企业文化不同，互联网公司相对更开放、多元和尊重个体。

第一天上班，就会有老同事交接一份 Word 文档（相当于值班工作的浓缩版或者值班手册），也有公司使用员工指导手册，但大多数情况下并不是人手一本，而是通过口口相传和自我总结来归纳。

新入职编辑可能会失望，因为上班的第一个适应工作是发通稿。每天通稿公邮组（整个中心都能收到的邮箱地址）涌进来数以千计的稿件。编辑的未读稿件能达到上万封。发稿过程同博客后台极其类似，即使没有网媒编辑经验的人也可以轻松上手。但是如果涉及图片制作，则需要一定的技术基础。此前网络编辑可能还要会写网页代码，现在专题制作后台已经很成熟，属于面向用户的操作界面，所见即所得，极大地解放了编辑，提高了效率。但换个角度想，人工智能技术成熟后，发通稿可以被机器取代，页面编辑工作也能一键完成，机械重复的工作可以大大减少，不能提供独特价值的编辑就会被取代了。这意味着一个工种的消失，一批人的转型。

2. 周报模式

在商业门户网站中，还有一个充满仪式感的内容就是通过周报来加强管理。周报一般由编辑上交到主编，再到总监，逐层传递。周报内容主要包括本周所做报道的汇总，并将报道的UV（unique visitor，是指通过互联网访问、浏览这个网页的自然人）、PV（page view，即页面访问量，每打开或刷新一次页面PV计数+1）、评论、转发数量标注上，并总结自己在工作中的思考。如果是行业报道，还会将行业人士的评论转发单独列出来以证明报道在行业内引发了广泛关注。

周报工作一般要求周日完成，因为每周一有例会，周一上午主编就要汇总这些内容，总结提炼亮点发给更上一级领导。在周末对工作进行总结成了规定动作，因为这直接关系到领导对编辑本周工作的评价，不论编辑愿不愿意，都会认真对待。

在主编例会上，各频道主编会分别对自己团队的周报进行讲解。首先会强调数据，因为数据最直观，讲解往往会大篇幅地对比频道在一周内点击等方面的数据变化；其次强调报道的影响力。综合来看，周报模式将媒体工作组织化了。

（二）区别于媒体的组织文化

埃德加·沙因的"组织文化"理论认为，在每个组织的核心，都有一整套相互关联的，未被大家察觉，却又为大家所共享的文化理念，这种理念决定组织成员如何感知、思考与行动。[①]虽然每个组织可能不一样，但商业新闻网站大多隶属于互联网企业，在组织和管理层面，有着一套类似互联网的运作逻辑和特有的组织结构，以扁平化的管理，要求员工快速接受变化、适应变化，并以一专多能为特点，对于职业技能的突出要求是复合型。

1. 扁平化管理

从个人发展的角度看，互联网的扁平化管理给予个人提升的机会，员工有充分的在不同岗位上尝试的机会。有些人在公司工作了快十年，从编辑做到商务，又从商务做到运营，然后再做主编。由于新闻专业主义要求采编分离，因此这个历程大概率不会发生在传统媒体中，特别是参与商务活动后再回来做内容的概率极小。但在互联网公司，员工既可以在一个业务线上做强做专，也需要有适应业务变化和组织变化的能力。

---

① 金-尚克尔曼.透视BBC与CNN:媒介组织管理[M].彭泰权,译.北京:清华大学出版社,2004.

2. 复合型人才

扁平化管理的另外一个方面，就是需要员工一专多能。我曾经见过刚刚毕业的中文专业本科生，自学H5技能，做网页专题，甚至也可以胜任手机移动端专题的制作。一些创意工作和技术工作需要一定的文字工作能力做基础，这种复合型人才是工作实践最需要的，但是能够兼具这两种属性的从业者非常之少。传统媒体人员文字过关但是不懂技术，技术和设计人员对于文字报道可能又不那么擅长。因此，找准个人的差异化竞争力是在职业中立足的另一思路。

这也给一些有经验的从传统媒体转型的编辑造成了困扰，他们很难在既有的经验上得到认可和深入发挥，只能在日常工作中消耗原本的新闻热情。而互联网企业的校招名额几乎不会留给编辑记者岗位。那门户网站是如何解决人手不足和招聘指标不平衡问题的？这就要提到一个人力资源现象——外包。在传统媒体时代，央视的外包制度被讨论得非常多。外包劳动合同有一年一签的，也有半年一签的，要想转成正式的员工难度非常大。这客观上造成了年轻人要想留下来必须"卷"——要耐劳，同时还需要开发其他技能，技多不压身，让自己更有市场价值，因为不被需要的结果就是被解聘。

所以，我们可以在上文看到两种割裂的群体状态：一方面是有资历、有经验的老编辑记者，在资源控制方面有明显的优势，也更专注于自己擅长的报道领域；另一方面，新人要想进入这个行业，必须要有突破精神，善于打破现有的格局。

3. 市场变动的文字风格取向

2016年，弥漫在互联网新闻界的风向是"强调自媒体风格"，虽然有人一直吐槽说自媒体风格的稿件就是图配文或看图说话。但是这种方式更加吸引读者，读起来生动有趣，成为媒体界势不可挡的潮流。

编辑是否应该主动去适应用户的审美，用较为通俗的文本去博取更多眼球和点击，我们将在下一章详细论述，在此暂不做展开。编辑大都已经形成对互联网文风的反射性顺从。但实践中自媒体文风和传统严肃报道存在嫁接困难。自媒体突出的写作特点有二：一大部分是综合集纳信息，进行梳理，类似以前的文摘；还有一部分是夹叙夹议。对于专业编辑，去做一份综合集纳的稿件不成问题，但是由于编辑的时间非常分散，所以制作和反应速度上并不占优势。后者的挑战更大，由于传统媒体人习惯了叙述事实的方式，总是希望通过专家或者内部人士的话来还原事实和表达观点，而现在自媒体作者都成了评论员，就需要编辑加强评论的训练。现实生活中人们可以随意表达情绪，但到了工作中，则需要严谨的评论分析。

4. 工作中的人际关系互动

媒体编辑室工作圈，其实也是一个微型社会。考察这个微型社会首先要考察它的组织结构，在各环节互相衔接、互相制约的过程中，人际互动呈现出比传统媒体更加复杂的情态。在一家网站中，负责各级页面的组织不同，造成了一种新的互动形态：比如值班中心负责一（首）级页面重点位置的更新和竞品网站的监控。值班中心编辑对于哪条新闻可以上重点位置和推荐页面有决定权。然后是各频道，各频道主要生产内容和转载新闻，更新本频道负责的二级页面，并筛选新闻提供给值班组选择。这种架构中，如果总编室或者值班组不推荐，就意味着流量降低，也就意味着成绩低下。但值班组反过来又依赖频道内容做基础信息支撑，二者之间呈现出一种微妙的平衡。频道层面一方面要加强频道的内容建设，提高质量；一方面要跟值班组形成良性互动，争取首页的推荐曝光。如果是值班组监控到内容后要求具体频道来跟进转载或者报道，这样不仅非常被动，也会造成恶性循环，总编室或者值班组判断某一频道提供的内容质量较低，可推荐可不推荐的，通常就不推荐。这里值得注意的问题是，值班组一般只对流量负责，同时监控竞品。很多时候对于垂直频道的专业内容，值班组编辑并不十分了解。当他们发现了某些新闻线索并追问为何频道编辑没有跟进时，垂直频道的编辑或者负责人就需出面沟通，就一个选题是否采用表达立场，有理有据地分析，而不能单纯依靠值班组指挥。

当前，由于某些传统新闻网站的版权价格昂贵，于是平台会推荐大量非传统新闻机构甚至是自媒体的内容。自媒体内容的来源包括自发创作，也包括对传统新闻机构的"洗稿""抄袭"。这会造成传统新闻媒体的社会认知度下降，进而经营困难。网上一片"纸媒已死"的喊叫，不能全部归咎于互联网新闻的冲击，纸媒自己的问题应该检讨，但平台算法的影响也值得深思。

网页时代，编辑手动更新页面，将信息按照重要程度或者其他因素推荐给用户，这是编辑把关。移动互联网时代，算法推荐成为新媒体技术革新背景下的主流操作：新闻客户端中，既有从门户网页端抓取到的内容，也有自媒体主动上传的内容信息。

从最浅层次来理解算法如何影响新闻。

第一个层面是新闻呈现。

算法有一套模型来判断哪些新闻是重要的，哪些新闻是高质量的，哪些新闻又是网友喜闻乐见的，然后把它推荐给你，把你喜欢看到的内容排在前面，可能通过弹窗、手机 push，也可能在 App 上进行排位。如果你点击了，那么算法会给这个新闻加点分；如果你停留时间长，就再加点分；如果你转发评论了，相应再加点分。如果你点进去发现名不副实，就是个标题党，马上退出了，那就给这个新闻减点分，如果你点击了反馈，提交投诉说这信息是抄袭的、虚假的，那么会再减点分。于是在海量用户的点击行为来给新闻评分的基础上，你所能看到的，是平台认为你想看、你需要看、你爱看、你会转发的那些信息。

第二个层面是标记。上文已经介绍了标记，比如算法会识别这条新闻是时政、民生，还是文娱新闻，会标记它是否受用户关注，已推送的用户的反馈情况。这是一种发生在新闻平台的情况，还有一种情况是发生在社交媒体上：在新冠病毒大流行期间，Facebook 宣布在其信息流（news feeds）中置顶新冠疫情新闻的最新信息取代之前的"权威信息"（authoritative information），其首席执行官马克·扎克伯格（Mark Zuckerberg）将其称为"冠状病毒信息中心"。Facebook 允许用户自行上传信息，但会在平台上标记哪些信息是不实的。Twitter 也在美国前总统特朗普的帖子上显示标签，提醒用户这条内容包含"关于投票过程的潜在误导信息"。弗洛伊德事件①后，特朗普发表了种族主义言论，Twitter又给了特朗普一个警告标签，指出该帖子违反了社区禁止美化暴力的规定。

需要指出的是，标记和呈现是互相影响的，并不能将其视作单独步骤看待。

（三）解构新闻专业主义

如果说之前商业门户是转载、改写，是二次把关人和渠道，也是内容推广运营者，那现在商业门户更倾向于开放后台给传统媒体、自媒体机构甚至个人，转而把更多精力放在推广运营上，并愿意将利益与内容创作者共享，吸引更多创作者来自己的平台上贡献内容，聚集更多流量。这个过程不可避免地消解了新闻专业主义，稀释了原创新闻的质量。例如，自媒体平台会出现很多问题，大到侵犯版权、虚假新闻、不负责任的恶评，小到字句错误、配图错误等。

考察网络新闻历史，商业门户的网络新闻刚刚出现时也有过这样或者那样的问题。在2002年3月26日《中国互联网行业自律公约》出台之后，虚假新闻的情况已经大大减少。但自媒体的出现，让这种现象又有所抬头。有鉴于此，微信专门开设了一个公众账号叫作"谣言过滤器"，在其总结的2016年度谣言TOP 10里，我们看到如下类型的谣言（见表3）。

表3　"谣言过滤器"总结的2016年度谣言TOP10

序号	类别	具体事例
1	儿童保护类	全国银行网点成失联儿童安全守护点
2	个人信息安全	"微信公开课pro版"链接会盗号
3	公共安全	吃酸菜鱼感染SB250病毒
4	收文件有毒	微信红包图片有病毒
5	公共安全	从某地来的100多个人偷、抢孩子，倒卖器官
6	生命健康	蘑菇和茄子、小米和大黄米一起食用会中毒
7	生命健康	小孩子发热用尼美舒利颗粒会致死
8	无中生有	抵制日本电影《贞子3D》在南京大屠杀纪念日上映

① 作者注：2020年5月25日，美国警察肖万在执法过程中"跪压"乔治·弗洛伊德，最终致其死亡，引发全美对于种族歧视和警察暴力执法的大规模抗议。

续　表

序号	类别	具体事例
9	科学常识	"急救贴心提示"，睡眠中心脏病突发，如何用药
10	失实报道	名人被去世（周星驰、六小龄童、李连杰、阿宝等）

　　传统媒体时代新闻失实影响面可能还不大，但自媒体中的失实信息与网民生活联系更紧密，存在隐蔽性和潜伏性。这些固然可以通过审查和法律规范来解决，但其最大的威胁是对人心的动摇：当非职业行为可以迅速变现，而职业行为所获得的回报却相当低的时候，很多人会向往自媒体，从而加速传统媒体人才流失。但社会不能没有硬新闻，只有软新闻和评论为主的自媒体是不够的，传统新闻专业主义的消失是可悲的滑落。

　　以2017年发生在武汉的小吃店主恶性案件为例。正规媒体的报道中案情细节就屡次发生反转。作为当地媒体，《武汉晚报》首先进行了简单报道：根据知情人士描述，悲剧的起因是店主面条涨价多收一元而且又出言不逊，因此嫌疑人将店主斩首；"红星新闻"的"封面新闻"进一步发表文章披露犯罪嫌疑人的精神病背景；"澎湃新闻"则引述了武汉警方的说法，表示血案不是因为吃面涨价出言不逊，而是犯罪嫌疑人去面铺面试，二人发生口角所致。各家媒体说法不一，每一条新信息，都会引起网络自媒体评论的快速跟进，比如因"多收一元又出言不逊"而指责死者。但随着更多事实的披露，这些评论都站不住脚，让人唏嘘（见表4）。

表4　武汉小吃店恶性案件舆情梳理

发布媒体	时间	标题	关键事实	引发的评论
武汉晚报	2017/2/18 17:04	武汉面馆老板遭杀害细节：疑因1元差价起争执	据知情人士透露，食客到面馆要了3碗面后，因每碗面1元钱的差价与老板发生争执，继而两人出现身体接触，发生了惨剧。"死者5年前离婚后独自带着13岁的儿子生活。"死者的一位朋友说，死者姚某老实本分，面价都是明码实价的，没想到遭此毒手	放大死者过错，1元差价，肢体接触，"吃不起莫吃"这种表述，使读者以为这是面馆老板与初入城市的打工者之间的矛盾

发布媒体	时间	标题	关键事实	引发的评论
红星新闻	2017/2/19 18:42	武汉杀害面馆老板男子系精神二级残疾，犯病时曾打伤父亲	据称双方因为1元钱起了争执，互不相让。记者奔赴犯罪嫌疑人胡某老家住地，发现胡某持有宜汉县残疾人联合会颁发的残疾证，残疾类别为"精神"，残疾等级为"二级"	精神病人监管议题，精神病人刑责议题
封面新闻	2017/2/19 23:14	武汉砍人嫌犯母亲：没管教好儿子 真心说声"对不起"	2月17日下午3点，胡某在武汉宏基汽车站出现，穿着拖鞋，流着鼻涕，向在汽车站外的小摊贩蔡先生求助，请求蔡先生帮忙给自己的母亲和堂兄打电话	底层资源匮乏，精神病人监管议题继续发酵
澎湃新闻	2017/2/20 13:15	武汉面馆杀人事件：警方人士透露嫌犯或因找工作被拒发生口角	武汉警方知情人士告诉"澎湃新闻"，胡某当日到姚某的面馆是想找活干，姚某没同意。或许是因为发现胡某的表现有些异常，双方发生口角，引发惨剧	对真相未明的悲剧，应节制表达欲
新京报	2017/2/20 18:03	"武汉面馆杀人案"调查：疑犯行凶后蹲门口未逃 家属曾希望捐献死者遗体	死者家属向警方提出能否捐献死者的眼角膜和其他器官，但可能涉及医学问题，此事不了了之	

《武汉晚报》是当地媒体，理应最具有报道的条件；"封面新闻"是由《四川日报》报业集团与阿里巴巴集团联合投资、《华西都市报》实施运营的项目；"红星新闻"是成都传媒集团《成都商报》的一个原创新闻类新媒体项目；而"澎湃新闻"隶属于上海报业集团。

一波又一波的新闻，一个又一个的反转，背后是一家又一家的传统媒体。这是传统媒体专业能力不足？从某种角度看确实是专业性的下滑。这些报道在网络中产生的蝴蝶效应也很可悲：媒体报道发出后立即被门户网站以首页推荐、新闻push的形式扩散，立刻有人根据报道做出评论。由于互联网的海量信息和算法推荐机制，再加上缺乏事实核查和适时的更正或删除机制，如果后续新闻事实再反转，此前基于片面内容所做的评论很难得到及时更正。基于失实新闻事实做出来的评论应考虑到信息的局限性。而且，某些新媒体或自媒体已经出现了为评论而评论的现象，因为这种天然带着血腥、恐怖、社会层级割裂（虽然本身面馆老板也是进城务工人员）的新闻素材，仿佛是一个个公众号"10w+"的保证，让一众人疯狂地扑上去怒斥。但是这些观点对于求证事实、对于今后如何避免此类悲剧发生、对于两个家庭而言，似乎毫无益处，只是单纯满足了网友发泄的欲望。

所以，考虑一下，重技术、重整合的"新闻超市"与重人文、重原创的"观点自由市场"两者的同时存在，[①] 可以实现吗？

（四）建构自媒体话语体系

自媒体在成立之初，就有人积极地讨论，它是否会取代、颠覆传统媒体。因为它是一种新型媒介，比传统媒体有更先进的技术，也更有互联网开放意识。也有人说，广播的出现没能让报纸退出历史舞台，电视的出现没能让广播退出历史舞台，新的媒介形式出现并不会彻底取代旧的媒介形式。不过仔细想想，尽管报纸没有被取代，但流通载体已经由纸张变成电子设备；电视内容的传输介质由单向的、线性的电视机媒介，变为了双向的（弹幕、评论等），可以随时快进、后退、跳转、倍速的流媒体传播形式。而自媒体凭借平台的流量，在内容产出上越来越独立自主，不再是传统媒体的跟随者，而且主动建构了诸多新鲜议题，形式也越来越丰富，从图文发展到视频——视频还分为短视频、中视频和长视频——这些都是传统媒体时代个人的能力和财力难以企及的。互联网接入成本降低，便捷性提高，为内容创作者插上了"翱翔的翅膀"。

比如，2018 年 11 月，知名自媒体人"花总丢了金箍棒"在互联网上发布了一段题为《杯子的秘密》的视频，揭露了国内多家知名五星级酒店用脏毛巾擦杯子或马桶的现象。事后，多家涉事酒店承认存在视频曝光的情况，向公众道歉，并受到了罚款处理。视频发布之后，很多传统媒体对此事进行了报道，形成了对酒店

---

① 刘英.从"信息共享"到"思想共享"——"有态度的新闻"对网络传播未来之启示[J].新闻知识，2012(6): 18-20.

等服务行业卫生问题的社会讨论。这个议题的建构是自媒体引领的，但这样的成功案例并不多见，在百度搜索"自媒体揭露黑幕"，本以为会看到许多与上述"花总"调查类似的案例，但返回的结果大都是"自媒体黑幕 到底有多黑？""揭露'自媒体'收益的真实内幕（99%的人不知道）""央视曝光自媒体黑幕：洗稿形成产业链，侵犯原作者版权"，让人唏嘘。自媒体对传统媒体的冲击肯定存在，但自媒体与传统媒体又相辅相成。自媒体到底给新闻专业主义带来怎样的冲击，不能用积极或消极的单一评价概括，因为它是复杂社会问题的多角度体现，且不同类型的自媒体差异也很大。

自媒体在中国之所以茁壮成长，与门户网站吸引用户的能力下降，信息在社交媒体中自由流动，以及一大批优秀自媒体人的涌现密不可分。与博客或者新闻网站不同，自媒体起初是通过写作者的社交圈或者依靠写作者自身的名气积累起来的。写作是自我表达，能够表现写作者的性格，它吸引和迎合的受众有着固定的圈层。信息在这里形成了闭环，造成如下的趋势。

1. 越来越多的评论和越来越少的事实。绝大多数自媒体都是针对已被报道的新闻事实作评论，类似花总这类独立调查的自媒体少之又少；那些出于营利目的运营的自媒体，还可能在评论的态度上受到多种外界因素左右，形成观点的误区。

2. 倾向于用戏谑的口吻来取悦读者。自媒体"博读者一乐，抖机灵"，极力迎合目前的网络语言和受众水平，消解严肃新闻和泛时政新闻议题的意义。由于媒体合力推动这类文风，以戏谑有趣、图文配合，再加上大量解构意义的表情包，两者汇流进一步取代严肃新闻。

3. 自媒体平台反向制造舆论热潮，大量的评论虽然对事实的增量信息帮助甚微，但却推动着媒体进行相关报道。也有人认为，正是因为新闻报道中存在各种不确定因素，各种反转反转再反转，才合力推动了自媒体的话题高潮。

综上，现代新闻业最突出的问题是优质信息稀缺，当然这个锅不能全都让自媒体来背，但自媒体（尤其是以营利为目的的自媒体）的无序发展会影响信息的正常生产和流动；而且鸡汤和反智盛行，知识分子、专业人士和普通网民之间的沟通断层严重。

（五）互联网制造的相同性

这是一个很有趣的话题，互联网制造的难道不是差异性吗？我们每个人都如此独特以至于没有人与他人有着一模一样的外表、一模一样的思想。果真如此吗？

不知你是否听过一个名词，信息茧房？想象一下自己被丝丝缕缕的信息包裹，目之所及都是你想看的，耳之所闻都是你想听的。对那些跟你意见不同的声音，随手选择屏蔽或者拉黑，不再进行争论。你对某些问题的看法今天和明天一个样，甚至很多年都不会改变。那些以观点输出为主的自媒体，切中你的"兴趣点"，有意识地向你灌输你希望看到的、听到的东西。长此以往，会有怎样的后果？这些观点、信息未必是作者的独立判断和真实想法，也可能是因为它能吸引人讨论，所以才被制作出来。特别是随着电脑的广泛普及和应用，上网搜索信息更加便捷，也让信息复制变得更容易。这就制造了更多的相同性。

哲学家埃里克·霍弗（Eric Hoffer, 1902—1983）在《真实信仰者》（*The True Believer*，1951）中这样解释效仿：效仿是解决问题的捷径。缺乏企图心、能力或时间提出独立解决问题之道时，我们就开始效仿。匆忙的人比悠闲的人更容易利用模仿，因此，匆促很容易产生一致性。

当代社会中，人们对抄袭的羞耻感在不断减少。篡改与剽窃在新闻史上也并非新的问题，传统媒体时代，记者剽窃主要指抄袭其他同行此前报道或者不相干人士的作品，编造细节，翻译外语新闻使用并且不注明出处，参考相关事件背景和语境描述不注明出处。篡改包含运用技术手段篡改图片、摆拍、"编译"过程中压缩删除、改变关键信息等。[①]新媒体时代，篡改和剽窃因为平台和创作者数量陡增而被放大，受经济利益的蛊惑，业内甚至出现了一整套"洗稿、做稿"的产业链。[②]

---

① 展江,彭桂兵.媒体道德与伦理·案例教学[M].北京:中国传媒大学出版社,2014.

② 揭秘营销号"洗稿"链条:原创者在为谁写稿？[EB/OL].(2017-11-09)[2023-09-10].http://36kr.com/p/5101853.html.

1．新闻洗稿的三种表现形式

2016 年，某知名大 V 因洗稿被众多自媒体账号群起攻之，[①]洗稿这一文字圈的小众话题开始在大众层面引发关注。互联网洗稿的历史，大概可以追溯到门户 1.0 时代。

新闻界并未对此讳莫如深，但系统研究洗稿这一现象的并不多。近年来伴随着传统纸质媒体式微，"洗稿"也被赋予了多层含义，情况更为复杂，主要包括三类：为了规避版权问题而进行的转载类洗稿，不经授权转载的抄袭剽窃洗稿，从行文逻辑等出发进行全盘篡改剽窃的洗稿。

（1）规避版权转载类洗稿

商业门户网站内容主要是转载有采编资质的新闻机构生产的新闻作品，但并不会采买所有传统媒体的新闻作品版权。当某一新闻事件需要报道却又没有版权时，商业门户网站会转载洗稿。例如 A 网站并未购买 B 媒体的版权，但 B 媒体的一篇报道引发全民关注，C 购买了 B 媒体的版权，那么 A 就从 C 处转载这篇新闻，并且将来源标注为 C，借此完成了以规避版权为目的的洗稿。更有甚者，C 或许并未转载 B 的稿件，但是 A 网站的编辑会捏造新闻来源为 C，借此绕过系统后台对版权的规制。这类洗稿最关键的特征是隐匿最初始的报道媒体来源。

以规避版权限制为代表的洗稿，初衷又可以分两类：第一类是为了节约成本，对初始报道媒体显失公平，造成侵权。第二类是不能事先取得版权授权。以《财新周刊》为例，2009 年底，财新传媒创立，并以现场报道、调查新闻、专业分析为主的原创作品为自身优势，与一般传统媒体会以年度或季度框架协议向各互联网平台授权作品版权不同，财新传媒极少公开授权其他媒体转载自家报道。除腾讯由于在投资层面跟财新传媒有往来，双方曾签订了授权许可外（该协议许可并非长期），其他媒体未见规模性授权转载，[②]且这一合作目前已经停止。理论上除财

①　致某某：如何洗稿还让人叫好？　[N/OL].南方周末,(2016-08-30)[2023-09-10].http://www.infzm.com/content/119276.

②　作者注：2017 年 11 月对某门户网站财经频道副主编 B 的电话访谈。

新传媒旗下平台，其他媒体转载财新报道均属侵权。又由于财新一直以来坚持调查报道，在社会公共议题上屡出重磅报道，财新的反侵权频率和社会关注也是最高的。

（2）转载剽窃类洗稿

这类洗稿会"剽窃"新闻事由、采访内容和行文逻辑结构，通过编辑的改写加工成一篇看起来"不一样"的新稿，并冠以网稿的形式改头换面出现。如果说第一种是初级洗稿，那么第二种就是进阶版侵权洗稿。洗稿转载纸媒尚可以用版权做搪塞，但是转载竞品网站的内容于情于理都说不过去，因此以改写的方式非法转载洗稿的现象出现了。

这类洗稿的特征是，新闻事由一般是其他媒体发现的，编辑记者对他人行文的逻辑、采访的相关内容照搬借鉴，对个别内容进行再加工创作，但总体与被洗稿原文一脉相承，所传递的信息、表达的观点基本类似。

（3）全盘篡改类洗稿

伴随着一批媒体人出走，创办自媒体账号并报道原创内容，一批洗稿侵权案例正在上演。自媒体的新闻报道游走在模糊的政策边缘，内容以财经、文娱等行业新闻报道为主（这里指的是狭义的新闻消息，不包括广义的新闻评论等）。剽窃洗稿由职务行为向个人行为转变，造成了维权难度的进一步加大。

2017年12月，自媒体账号"音乐先声"发表文章，声讨自媒体账号"首席娱乐官"抄袭其原创文章《腾讯音乐娱乐集团或将与Spotify换股结盟，音乐行业再起变局？》，并列举了6段具体抄袭内容，晒出与首席娱乐官负责人的微信聊天记录。后者表示是部分参考，给出的解决方案包括"在文章评论区留言说明部分参考、赔偿"等。①

在某媒体微信群，我曾"围观"过两位财经记者对于A是否洗稿了B的报道的争论。综合意见看，指出抄袭者认为：（1）文章观点是别人提的，不能说换个脑子

---

① 常年深耕洗稿领域的"首席抄袭官"，要教我们"如何做一个好的娱乐财经号"[EB/OL].(2017-12-05)[2023-09-01].https://mp.weixin.qq.com/s/5q_GZvYJjtitg_at6j3WlpQ.

（作者）就可以说这是自己提的；（2）稿子开头变了，但是内容的框架、观点都一样。被指抄袭者认为自己并未抄袭，且可以提供录音证据。二人争论不休，也有同行参与讨论进行评价判断，但始终难以达成较为统一的结论。可见，抄袭洗稿的认定之难。

有关文字类作品的抄袭剽窃界定，多发生在文学领域，在新闻报道领域的司法案例和具体考察尚不多见。因为记者的专业就是搞文字工作，语言表达、架构等方面的个别调整具体是否涉及洗稿，恐怕难有标准定论。但是涉及观点，未经交流的两位作者很可能持有相同观点，加之现在自媒体稿件往往多采用网友的公开评论和观点，使得这类信息的复杂程度加剧。

（4）新媒体环境下的剽窃篡改新特征

融媒体环境下，出现了一个新的剽窃现象——付费内容被改写并公开发表。例如2017年1月，财新就发布公告称澎湃记者范瑟作为在线收费课堂"财新私房课"课程的用户，未经财新及培训讲师同意，将课程内容整理成《王石：以前最想当银行家，搞金融特别能实现我的才干》一文发布于澎湃新闻，并迅速被新浪财经等多家媒体转载。[①]虽然澎湃新闻已经将新闻下线，但包括网易、腾讯、新浪等在内的门户网站转载链接依然有效。值得玩味的是，新浪在新闻来源处标注为新浪综合，在正文处才标明来自澎湃新闻和记者姓名，是典型的第一种洗稿案例。[②]

2.新闻洗稿的动因分析

剽窃与篡改集合了造假、抄袭、欺骗等诸多道德底线问题。但这类侵权在近20年的互联网新闻发展史上屡禁不止，甚至由于分发渠道更多元使得侵权形式更复杂，与国内新闻版权流通机制的弊端、版权意识缺失和新闻侵权追责相对滞后不无关系。

有关新闻版权的流通机制，本书在讨论新闻生产的过程中有所提及，新闻网

[①]　反侵权公告（第36号）：澎湃记者盗版财新私房课 侵权无底线必追究[EB/OL]. (2017-01-08)[2023-09-10].http://www.caixin.com/2017-01-08/101041712.html.

[②]　王石：搞金融特别能实现我的才干 曾最想当银行家[EB/OL].(2017-01-08)[2023-09-10].http://finance.sina.com.cn/stock/s/2017-01-08/doc-ifxzkfuk2881302.shtml.

站版权采买是对接媒体而非记者的，除了个别图片版权机构外，尚未出现按篇计费的版权授权机制。这一方面与新闻作品的公共性有关，另一方面与传统媒体在版权保护方面很难形成合力有关。2015 年，中国新闻出版研究院针对 360 家新闻媒体（以报刊和广电媒体为主）做了题为《新闻作品版权侵权与防范》的调查研究，问卷回收分析发现：新闻媒体有 1/3 对网络新媒体的无偿转载持认同态度，只有不到 1/3 无法容忍无偿网络转载，还有一部分新闻媒体虽然无法容忍侵权但因为维权成本高昂一般不会进行维权。[①]近年来随着传统媒体发展式微，商业门户网站开始发力平台号，并通过流量置换等形式吸引传统媒体入驻，内外因素的双重作用更削弱了传统媒体在版权出售方面的议价能力。

确实如新闻媒体所担心的那样，侵权追责也存在现实困难，由于我国的民事诉讼原则是"谁主张谁举证"，举证难度和维权成本不断提高，而最终获赔金额有可能还不及追责成本。还是以财新传媒为例，自创办初它就扛起了反侵权大旗，定期发布《财新传媒反侵权公告》，自 2011 年 5 月 11 日至 2018 年 3 月 26 日共发布 40 起侵权案例。[②]这些案例的相关判决并不多见，许多案件在诉讼之前已私下和解。一直工作在互联网平台法务一线的 A 律师在接受笔者访谈时表示：发反侵权公告的同时，接到侵权通知的媒体会选择私下和解，因此很少有到诉讼阶段的案子。[③]即使是走到诉讼阶段，还存在维权成本高、获赔额低和赔礼道歉主张不被支持等问题。以 2016 年 7 月财新传媒有限公司诉北京新浪互联信息服务有限公司著作权侵权纠纷为例。原告财新公司诉称 2014 年 12 月新浪公司旗下新浪网在无授权许可的情况下擅自转载使用财新享有著作权的作品，发现此情况后，财新联系新浪要求其立即停止侵权行为，并支付转载使用作品的稿酬，新浪未予理睬。财新认为新浪的上述行为侵犯了该司署名权、修改权、信息网络传播权及获得报酬权，故诉至法院，请求判令新浪公司停止侵权、赔礼道歉、赔偿经济损

---

① 新闻作品版权侵权与防范课题组.我国新闻作品版权保护的现状、问题及对策[J].传媒,2015(10): 18.

② 反侵权公告（第 40 号）:对腾讯网等媒体侵权的严正声明[EB/OL].（2018-03-26）[2023-09-10].http:// www.caixin.com/2018-03-26/101226735.html.

③ 作者注:2017 年 11 月 8 日,在北京,笔者通过电话访问对 A 律师进行了访谈.

失16004元及案件合理诉讼费用共计17748元。经过法庭审理，财新传媒此次诉讼，被侵权15篇文章，总计获赔经济损失及诉讼合理支出共4000元。15篇文章获赔4000元，单篇文章折合不足300元，而本次案件的公证费用和律师费用共计17000余元，鲜明地凸显了新闻作品版权定价机制与维权成本不成正比的问题。此外，法院判定财新公司要求新浪公司赔礼道歉，于法无据，不予支持。此次维权社会影响力低，只在学界和新闻业界引发了关注，远未到社会普遍关注的程度。

平台应肩负起相应的监管职责。从实践看，各平台对于自媒体账号均制定有管理规则，鼓励原创，对被投诉抄袭的内容会有判罚，但缺乏预防机制。这造成了剽窃和篡改的内容变得更加隐秘，如果不被发现投诉，很难得到根治。

另外值得思考的是，如何利用大数据和人工智能技术进行版权保护。想发现两篇文章在文本上的相似之处，靠人工辨别不仅耗时耗力，也存在尺度不一的弊端。理论上大数据和人工智能技术可以解决这一问题。"今日头条"在实践中根据算法，为所有入驻头条号提供站内消重、全网监测、维权赔付等功能。根据"今日头条"官网，文章权值计算，可包括来源头条号是否开通"原创"标记、发布时间、来源的权威性和在网络上被引用的次数等。其中站内消重对版权保护有一定的积极意义，意指"今日头条"会对抓取的文章去重，通过文本相似度由文章生成聚类，最终推荐给用户的文章是聚类中权值最高的文章。

（六）新闻常规

随着媒体类型的发展，新闻生产中的常规，在传统媒体和互联网媒体尤其是互联网原创新闻实践中发生了如下变化：

一是采访由外出转向了通过互联网或者电话进行交流；

二是记者编辑倾向于从互联网上寻找素材，或者更进一步，第三方评论都可以直接从社交网站上获取，而不是像传统媒体那样固定寻找某些专家进行评论；

三是互联网新闻的写作是随时的，在编辑工作的一天里，发现网络新闻线索可以随时撰写消息和编辑相关新闻。这就打破了原本纸质新闻媒体固定的发稿时间或者电视媒体固定的节目播出时间规则。

四是互联网新闻从业者中记者、编辑角色相对模糊，强调快速写作，适应网络新闻发稿的写作方式。

五是互联网新闻的撰写打破了传统媒体的编辑部权威。在传统媒体内部，通常是编辑做选题指派或记者报题，再进行新闻写作、编辑改稿、责任编辑审稿到最后总编签版，这个过程所经历的环节在互联网新闻中被简化，一般即时消息类原创新闻在发布的过程中所经历的审查也相对宽松。

六是自媒体的出现打破了新闻专业的进入壁垒，为新闻专业主义和受众之间筑起了更高的围墙。与此同时，传统媒体呈现出相对"死气沉沉"的氛围，社会学家刘易斯·雅布隆斯基（Lewis Yablonsky，1924—2014）称之为机械化之痛——记者可能拥有创造力，不过，集团新闻学的本质使得记者落入例行工作的俗套，重复着缺乏创意、挑战、原创性和力量的行动。这类记者日复一日地执行毫无热情的（或是机械化的）工作，不曾出现创意或热情闪现的片刻。①

六、小结与讨论

当任何一种工作发展成熟之后，从业者都会以"常规"来提高效率，保证工作的完成，但是反过来，这种常规可能会变成限制。新闻与面包、汽车不同，常规能够为后者提供统一标准，一般不至于出现劣质产品影响消费者的使用，而新闻是媒体把采集到的信息展示给用户，从业者在整个过程中应该是具有创造力而非机械地记录。好的记者必须具有新闻专业素养，如果能有克服困难的勇气、挖掘事实真相的调查能力，那会更受期待和赞扬。反过来，新闻业如果落入机械的常规中，后果就很可怕。好在数字时代技术革新快、商业动力足，对媒体常规带来的变化比固化多，但依然要注意一些决定性的变革，仔细考量它们对新闻事业和新闻专业产生的影响。

---

① 莫瑞尔.新闻伦理——存在主义的观点[M].周金福，译.台北:巨流图书，2003.

（一）算法代替编辑，把关从"人"到"机"

传统的新闻生产领域中，在遴选报道时，在编辑新闻时，在决定版面位置时，在用户看不到的地方都有一系列的专业标准。这些考量因素我们能从结果反推，比如重要性、贴近性、趣味性等传统意义上的需求。

但数字时代，编辑逐渐让位给机器，算法代替了编辑的经验，而且随着算法在新闻业中的应用，像"今日头条"等平台型媒体，已经完全放弃了新闻采编，转而利用版权采买、自动抓取、搭建平台让新闻采编机构入驻等方式构建内容体系，再利用外人并不甚了解的算法，对逐渐庞大的用户量进行个性化推荐。新闻业越来越重视用户数据和受众分析的指标。[①]新闻的专业性越来越被边缘化。

虽然算法饱受诟病，但科技公司往往会公开宣称其算法并无偏见，关键是算法背后的人是谁，是否有偏见？他们可能是运营者，更可能是算法工程师。他们没有经过专业的新闻训练，只从流量的角度去考虑算法设计，必然导致"窄化""极化"等后果。

（二）编辑部的消亡

传统新闻生产中编辑部是一个生产场域，起到了非常重要的作用。但现在平台广义上为每一个可上网的用户都搭建了传播渠道，新闻机构已经是非必要条件；复杂的审核、编辑、排版、印刷、编播手段被面向用户的内容管理（CMS）系统取代，发布一条新闻就像发朋友圈或微博一样简单。

平台并不乐于承认自己是新闻平台，而使用内容平台一词来模糊责任，以规避平台面临的风险。编辑部责任转换为平台主体责任，不仅价值观发生了变化，其运营手段、监管手段都随之发生了变化。

（三）作为职业的"认识论"被瓦解

媒体的巨大影响力与其代表的真实、客观、准确、公正的理念有直接的正相

---

① Steensen S, Westlund O. What is digital journalism studies?[M]. Oxford: Taylor & Francis, 2021.

关。某种意义上看，正是公众的信任赋予了记者作为信息发布者的身份和权利。良好的职业意识可以体现为媒体职业道德，表现为媒体从业者和媒体机构自身遵循体现普遍性的社会公德（工作观）和体现特殊性的专业标准（专业规范），对其职业行为进行自我约束和自我管理。这种自我约束和管理，应该是媒体从业者作为职业共同体进行的自我规范。正如莫瑞尔所说，新闻学中最核心的特质可能是心灵的热情状态。[①]

遗憾的是，至今尚未有专门针对在线新闻平台从业者的量化调查。根据仅有的一些调查，我们可以看到一些端倪。2016年，周葆华、查建琪对包括中央新闻网站、地方新闻网站、商业网站、新型客户端在内的8家新闻网站或客户端做调查，在新闻平台从业者的择业因素中显示，"有机会表达百姓呼声""有机会传播新思想，启迪民生"和"有机会揭露社会问题，维护公平正义"分列第4、5位，排名前三的因素分别为"喜欢接触各界人士、增广见闻""喜欢互联网和新媒体""喜欢写作或者编辑"，而"网络新闻工作收入较高"位列倒数第三（共15个因素）。[②]从笔者的观察看，在线新闻平台从业者中，虽然不乏多年传统媒体从业经历的新闻老兵，但是从比例上看，年轻人更多，量化研究也证实了这一观察。调查显示，从业者平均年龄28.3周岁，26～30岁占据42.6%，31岁以上从业者仅占27.7%。这一方面是从业较久的人转行做管理的比较多，另一方面与商业门户的快节奏压力不无关系。但总体而言，就服务社会公众利益是否影响从业者的职业选择这个因素，实际排名可能会比上述量化研究更低。

在自媒体发展的冲击下，传统媒体面临结构性转型和经济压力挑战，人才流失现象明显。记者跳槽到互联网公司，或者自立门户成为自媒体创作者和老板的例子也颇多。2014年，《纽约时报》创新报告就注意到了人才流失问题，强调："在数字时代，必须高度重视数字人才的招募及培训，充分发挥其提升和改善报道水

---

① 莫瑞尔.新闻伦理——存在主义的观点[M].周金福,译.台北:巨流图书,2003.
② 周葆华,查建琪.网络新闻从业者生存状况调查报告[J].新闻与写作,2017(3): 17-23.

准的潜力。"①在《纽约时报》的规划中，第一步是招聘人员，第二步是"要让报纸网站编辑、社交媒体编辑、制片人、设计师、开发人员等在报道中起到更核心、更重要的作用"②。

身份认同在一定程度上解释了传统媒体人的转型，而且是向脱离新闻传统的方向转型。诚然，新闻记者是一份担负着公众期望，并因为公众期望而被赋予采访权的职业。但是在商业逻辑的语境下，新闻记者被用户赋予权利的意义会被很多人忽略，而只将新闻工作当作一份获取劳动报酬的工作。

（四）新闻生产的后工业化转型

被科技公司控制的用户数据和算法技术成了平台反转制胜的利器，即使它们只是新闻业的后来者，却凭借海量的用户数据，分析用户的行为并形成模型，不仅能再次给用户推荐新闻信息，也能向用户发布定向广告。平台不仅从内容上，而且从收入上瓦解了传统媒体的立足根本。

所以评价数字时代的新闻生产，需要跳出传统新闻业的视野，因为主体、对象、范围和表现形式都有不同。有学者认为，当前新闻生产面临的是后工业化转型、变革，不仅是工具由旧到新的转换，而是整个行业组织结构的功能拆分、权利转移和性质变化。信息技术的快速发展给资本的创造性破坏提供了可能，原本纵向整合的"采制—编排—出版"的专业化新闻生产流程分崩离析，新闻传播领域正在被一种后工业化的文化生产模式所占领。③

与此前相比，新闻业显然受到了来自更多方面的影响，以往要面对政治压力、经济压力和同行竞争压力，现在还有来自技术和资本的压力，新闻业更容易受到操纵。但新闻业万万不能坐以待毙，因为社会仍然需要专业新闻。

当然，传统媒体的管理者已经意识到这种变革是根本性的，不能再小修小补地接受挑战，而是要全面转型。不过"谈及'转型'可能是危险的，这个词暗示从一个固定状态转向另一个，也有终点之意……必须变成灵活的新闻编辑部，能够不断地调整，以适应重要的需求"①。

---

① 新华社新闻研究所国际传播研究中心.数字化背景下的报业转型——纽约时报创新报告（2014）[J].新闻与写作, 2014(6): 26-31.

第五章　重塑场域：媒介场中的新兴主体

我们生活在一个平台无处不在的时代，比如各种社交平台（微博、微信），短视频平台（抖音、快手、微视、视频号），聊天应用平台（微信、QQ），电子商务平台（淘宝、微店、1688、拼多多、亚马逊），社区分享平台（小红书），生活服务平台（美团、饿了么、大众点评网），流媒体平台（腾讯视频、爱奇艺、优酷）。这些都是看得见的平台，还有看不见的平台，包括Windows系统、Mac OS系统、Linux系统、安卓系统、iOS系统等。人们可能没发现它，但已经离不开它。平台（platform）一词在中文里可以应用在很多地方，有时候笼统地说媒体平台、商务平台、旅游平台、美食平台，其实都没有错，但在这一章引入平台这个概念，是希望引起读者的注意，这些平台事实上都起到了传递信息、构建意识形态、影响经济运行的效果。因此，有学者将平台定义为"一种数字基础设施，它提供了各种信息和通信，以及制作、发布和参与内容的机会"①。作为一个学术概念，平台强调互联网给人类社会搭建的一种参与模式，这种参与模式让用户不仅从平台上获取信息，也为平台贡献信息。平台之所以能够蓬勃发展，不仅是由平台的运营者单方面决定的事情，平台用户的输出、反馈乃至平台用户的质量都会反过来影响平台发展。一个好的平台致力于将这种参与模式发挥到最大效力，从而进一步发展

---

① Steensen S, Westlund O. What is digital journalism studies?[M].Oxford: Taylor & Francis, 2021.

平台本身。

虽然现在管理学、经济学等众多学科都热衷使用平台这一概念，而且研究数量也非常大，但是要论起源，新闻学也不必谦虚。从某种意义上说，我们现在所谈及的平台社会，就是在新闻门户的基础上发展起来的。门户网站可以被看成是平台的前形态。进入21世纪，门户网站迅速崛起，集合了图文视频新闻和各类服务，占据了大众的视野。曾几何时，搜狐网除了"上搜狐看新闻"，还有ChinaRen校友录可以让同学们分享彼此动态，有搜狗搜索引擎，等等。虽然竞争格局几经变化，但四大商业门户为中国互联网奠定了平台基础是不争的事实。不仅因为用户规模大，也是因为平台入口养成了用户信息接收习惯。新闻信息的接收，从报纸到电视，从电视到互联网，从桌面互联网到移动互联网，再到如今的平台，其底层逻辑就是用户数量的持续增长，而且这种持续增长并非依靠新闻产出，而是因为新媒介集成的社交、通信、生活服务等各类应用。伴随着平台发展壮大，越来越多的新兴主体正在成为数字新闻生产的主力，新闻生产正在被重塑。数字新闻学研究要面临的"客体"正是这些新兴的主体——算法、科技、软件等。本章将就这些新兴主体及数字新闻研究的客体进行分析，看看它们是如何影响社会结构的，也看看社会结构是如何影响它们的。

第一节　中国在线新闻发展短史

有人说，我们并没有发明互联网，却是把互联网应用得最全面的国家。这句话如果放在10年前，可能还未必准确，但是现在，它就是现实写照：随时随地的在线支付、令人眼花缭乱的资讯平台、走出国门并在海外掀起各种热潮的短视频App⋯⋯

中国新闻产业在互联网端的一系列发展变化，起源于国有媒体，但技术推动的主力是商业门户网站。又由于商业门户网站不具备新闻采编权，其采编做法与传统媒体有着较大差异，频道分布庞杂，强调编辑的决定权或者将采编融为一体，探究其新闻生产过程中编辑室内发生的情况更能窥见新闻业这 20 多年的变化。

一、后来居上的商业门户

回顾过去 20 年门户网站的发展历史，首先要提到搜狐。2018 年 2 月 24 日，搜狐网过了自己的 20 岁生日；2017 年，搜狐公司推出的回顾 H5 里面，列举了 20 年来门户网站所经历的重大新闻事件——1998 年世界杯，1999 年澳门回归……桩桩往事，历历在目。

搜狐公司的成立，是中国互联网和世界互联网的一次碰撞。获得麻省理工学院博士学位的张朝阳，在一次陪同麻省理工学院校长访华后，决定回国。起初他给一家美国初创型互联网公司打工，负责拓展在华业务。8 个月后，他向老板辞职，表示要自己单干。1996 年 10 月，张朝阳在北京注册了爱特信公司（ITC，Internet Technologies China，即互联网技术中国公司的意思）。他的天使投资人包括麻省理工学院教授、知名风险投资专家爱德华·罗伯特（Dr.Edward B. Roberts）和他的一位学生布兰特·宾德尔（Brant Binder），以及尼古拉·尼葛洛庞帝（Nicholas Negroponte），后者的《数字化生存》一书因为对互联网的独特洞察力风靡全球。张朝阳看中的是雅虎的商业模式，他打出广告"出门靠地图，上网找搜狐"，国内第一个中文搜索引擎"搜狐"开始启动，随后是搜狐门户网站成立，再然后是电子商务、在线聊天室……①

但成立于 1998 年 2 月 24 日的搜狐，却并不是门户网站的老大，因为就在 8 天前的 2 月 16 日，www.163.net 开始使用，网易门户诞生。严格意义上来说，网易才是中国第一家门户网站。1997 年 5 月，丁磊用 50 元人民币注册了网易公司。②作为参考，1997 年，农村居民家庭人均纯收入 2090 元，城镇居民人均工资性收入是 3736 元。早期互联网平台公司轻资产的特性可见一斑。而丁磊之所以把公司取

---

① 网者王——中国互联网创业者档案 连载 4:搜狐张朝阳(3)[EB/OL].(2000-08-22)[2023-09-10].https://tech.sina.com.cn/path/2000-08-25/440.shtml.

② 网者王——中国互联网创业者档案 连载 3:网易丁磊(3)[EB/OL].(2000-08-22)[2023-09-10].https://tech.sina.com.cn/path/2000-08-22/432.shtml.

名网易(Netease)，是因为他要使原本高不可攀的因特网变得平易近人、深入民心。"网"是互联网，"易"是容易、交换、传播的意思，中英文是一个意思。① 网易是通过电子邮件起家的，至今很多人的邮箱还是以 163 或 126 为后缀的，网易还为很多企业级邮箱提供支持。发现门户网站的潜力之初，丁磊的想法是提供网上空间，最初网易提供免费的个人主页服务系统，包括计数器、留言本等。为了推广这个业务，网易以 800 元每月的价格买下了首都在线、中华网、瀛海威等国内 5 个站点 3 个月的广告，一下子吸引了许多网民把自己的个人主页放进来。②

1998 年稍晚，腾讯公司成立，但其业务主要是社交软件（QQ）和游戏。直到 5 年后的 2003 年 12 月，腾讯网才正式对外发布，正式宣布进军互联网传媒产业。依靠强大的社交媒体用户基础，腾讯后来居上，用短短不到一年的时间就完成了网站频道的丰富和加强。在 2004 年 10 月举办的"2004 中国商业网站 100 强"的调查中，腾讯网得票率名列第一，领先于其他门户，这也让人们第一次认识到了社交的力量。

在 1998 年这波商业门户网站热潮之前，中国互联网新闻领域率先发力的其实是国有媒体。1994 年 4 月 20 日，中国 64k 网络信道开通，中国正式触网。1997 年 1 月 1 日，《人民日报》正式开通网络版；1999 年 1 月，央视正式对外发布网站；同年成立的还有国务院新闻办"中国互联网新闻中心"（中国网前身）及新华社新华网。2000 年 7 月，美国约翰威立父子出版有限公司（John Wiley & Sons）出版的《中国的世纪》（*China's Century*）一书显示，中国的重要新闻单位的上网始于 1996 年底到 1997 年初，截至 2000 年中国建立独立域名的新闻单位逾 700 家。③ 从 2000 年开始，新浪、搜狐等民营新闻网站获准转载发布新闻信息的行政许可，也标志着商业门户网站内容竞争的开始。

---

① 网者王——中国互联网创业者档案 连载 3:网易丁磊(3)[EB/OL].(2000-08-22)[2023-09-10].https://tech.sina.com.cn/path/2000-08-22/432.shtml.

② 网者王——中国互联网创业者档案 连载 3:网易丁磊(3)[EB/OL].(2000-08-22)[2023-09-10].https://tech.sina.com.cn/path/2000-08-22/432.shtml.

③ 郭乐天.前瞻 2000 新闻传媒走势[N/OL].(2000-01-26)[2023-09-10].新闻出版报,http://media.people.com.cn/n/2014/0415/c40606-24898191.html.

互联网发展初期，国有新闻单位的网站数量显然多于商业门户网站。但是1998—2005年，商业门户网站掀起了巨浪。现在回顾这波热潮，可能同那几年的重要新闻节点关系密切：无论是1998年的世界杯，还是1999年的澳门回归，到2001年中国申奥成功、"9·11"恐怖袭击事件和2003年的"非典"，都给了商业新闻网站一次又一次飞跃式发展的机会。而商业门户网站也凭借对新闻速度的追求，对技术的不断革新，对内容范围扩大的争取，同时借助政策红利窗口期，赢得了巨大的用户量，以此作为自己生存发展的基础，奠定了日后四家商业门户分立的格局。

二、技术与社会因素影响下的三次变革

回顾中国互联网的发展历程，在新闻呈现这条道路上，互联网存在的意义似乎不在于具体发生了什么，而在于社会感知到了什么。从商业门户的1.0时代跨越到今天的3.0时代，从传统媒体寄希望于在互联网层面大展拳脚，到如今风靡各大网站的自媒体形式，商业门户所经历的三个重要的转折点，每次都伴随着政策、技术内容的革新，其背后体现的是更深层次的社会变革——今时今日，政策、技术之外，受众也成为一个重要且不可忽视的影响因素。

（一）商业门户网站的三个转折点

1. 门户1.0时代：上网知天下

要定义门户1.0时代，其实可以与Web 1.0做相同论述，因为在互联网发展的进程中，Web 1.0时代的网页制作造就了门户1.0的产生，这个时期的网页内容相对单一，用户在使用行为上以单向浏览为主来获取信息，虽然呈现出了一种较为机械化的形态，但却开启了无限的可能。有学者总结Web 1.0的特点如下：一是技术创新主导；二是盈利模式以用户数和点击量为衡量依据，通过广告或者增值服务盈利；三是后期出现向综合门户合流的趋势。[①]这段时期出现的新浪、搜狐、网

①　肖亚翠,曹三省,张斌.移动互联:从Web1.0到Web3.0[C]//全国互联网与音视频广播发展研讨会.2013.

易三家门户，大多是以搜索引擎、邮箱、论坛等技术背景起家，并得以聚集第一拨深度用户的。

如果要分析为何1.0时代门户网站能够抓住机会迅速崛起，重要因素之一就在于海量、快速。从物理层面说，网页的超链接理论上可以承载无穷的新闻信息，从而成为一个具有无限可能性的电子媒介。在这个阶段，门户的主要作用是呈现和编辑，使新闻信息能够更加清晰明了。与报纸版面和采编人力有限不同的是，门户网站的新闻信息可以是无穷的。信息可以集成多家媒体的内容，通过专题等形式，更加丰富立体地展现不同采编视角下的新闻事实。另外一个重要因素是时代背景，互联网崛起与中国和世界发展的丰富性、多样性密不可分。能为用户提供多样性新闻图景的门户网站，才能在新闻频发的年代，逐渐立稳脚跟。

因此，搜狐的"上网站，知天下"的口号十分贴切，记录了互联网先行者在新闻信息集成方面的努力。

2．Web 2.0：无跟帖，不新闻

随着网络新闻的发展，新闻从业者意识到，正在浏览网页的网民也可以是内容的贡献者，因此在以互动为标志的Web 2.0时代，新闻门户网站尤其重视用户内容的产生。主动引导用户评论，运用多媒体手段呈现用户评论，成为这一阶段的新闻常规动作，并被逐渐保留了下来。

有学者认为，互联网进入Web 2.0的时间节点是2005年。美国企业家兼专家蒂姆·奥莱利（Tim O'Reilly）创造了"Web 2.0"这个词，旨在重建投资者对互联网的信心。Web 2.0以各类桌面软件的Web应用为标志，网页从单一的图文向富媒体信息转变，软件化的交互形式为用户提供了更好的使用体验，并具有如下特点：一是用户参与内容制造；二是注重交互性；三是符合Web标准的网站设计，代码规范，减少带宽压力，加快访问速度，并且对用户和搜索引擎更加友好；四是以指导思想（交互）为核心，而非技术为核心；五也是最重要的一点，Web 2.0意味着互联网的理念和思想体系比对1.0时代的升级换代，由原来自上而下的由少数资源掌控者主导的互联网体系，转变为自下而上的由广大用户集体智慧和力量主导的互联网体系。[①]这一阶段的商业门户网站发展：腾讯后来居上；网易凭借独特的评论运营别具一格；搜狐聚集了一批传统新闻人，在快速和全面上有自身独到之处。

3．Web 3.0 时代：随时、随地、随心

学界和业界普遍认同将移动互联网时代定义为 Web 3.0，并认为移动互联网包含了 Web 1.0 的基础架构和 Web 2.0 的社交网络思想，同时拥有自己的独特设备（智能手机和平板电脑）。根据互联网研究的共识，Web 1.0 的本质是资讯，Web 2.0 的本质是互动，那么 Web 3.0 发展的本质便是应用与融合，真正做到任意时间、任意地点、任意方式（anytime，anywhere，anyway）来改变人们的生活。研究认为：Web 3.0 时代微内容的自由整合和有效聚合，使得内容信息的特征更加明显，更便于检索；良好的人性化体验和基础的个性化配置提升了用户体验；通过有效和有序的数字技术，将实现数字通信与信息处理、网络与计算、媒体内容与业务职能、传播与管理、艺术与人文有序有效结合和融会贯通，同时在盈利模式方面，催化更多商机。[②]

具体到新闻事业，除了记者应用的采访手段之外，在新闻生产呈现的渠道上，也出现了新的趋势，例如新闻客户端和自媒体平台。

4．新闻客户端：你关心的才是头条

客户端（client）或称为用户端，是指与服务器相对应，为客户提供本地服务的程序。手机新闻客户端，狭义上就是指与无线网络服务器相对应，为手机用户提供本地新闻服务的程序；广义上则可以理解为以手机为接收终端，集成文字、图片、动画、音视频等新闻文本形式，通过移动网络为受众提供即时新闻内容的传播模式。[③]随着电信业的发展、移动互联网与智能移动终端的普及，手机新闻网、5G 门户、新闻客户端逐渐出现在大众的视野中，门户网站的新闻逐渐由海量、互动，发展到可以随时随地地查看（只要拥有移动终端）。

①　肖亚翠,曹三省,张斌.移动互联:从 Web1.0 到 Web3.0[C]//全国互联网与音视频广播发展研讨会.2013.
②　肖亚翠,曹三省,张斌.移动互联:从 Web1.0 到 Web3.0[C]//全国互联网与音视频广播发展研讨会.2013.
③　张红伟.媒介生态学视野下的手机新闻客户端研究[D].北京:中央民族大学,2013.

与此同时，随着技术的发展，市场新入局者并不是单纯地将互联网网站的页面内容搬运到移动终端并使之适配，而是通过技术手段革新了信息传递方式，从用户来看变为推荐给用户看，更精准触达人群。他们随之推出了诸如信息流、订阅等形式的移动终端新闻阅读服务，通过编辑加技术手段来完成对新闻信息的采集和推荐，成为目前商业新闻网站的主流。

5．自媒体：平台红利期的集体狂欢

2016—2017年，自媒体受到了资本市场的高度关注。2016年，全年自媒体融资项目数量超过69个，其中超千万的项目33个，[①]以Papi酱为代表的自媒体人拿到了高额的投资。2017年7月20日，自媒体人李子柒与杭州微念科技有限公司联合成立四川子柒文化传播有限公司（个人占股49%）。后杭州微念科技有限公司于2018年8月17日设立李子柒品牌天猫旗舰店，售卖李子柒自制视频内出现的食品，如螺蛳粉、藕粉、火锅底料等。2020年，李子柒天猫店的月营业额已破亿。

2009年8月，新浪微博上线。不同于博客时代，微博是传播更快速、更便宜的消费舞台。2012年8月，微信上线了公众号功能，打开了自媒体内容爆发的闸门。2013年开始，陆续出现了百度百家、头条号、网易号、凤凰号等公众号平台，但微信公众号依然是最强势的自媒体平台。随着各家门户网站跟进，自媒体迅速席卷信息传播的各个领域。2015年开始，短视频、直播等多种形式的自媒体也出现了。一时间，传统媒体人（就出现时间而言，所有自媒体之前的媒体形式，都可以称之为传统媒体）仿佛看到了内容行业的曙光，纷纷加入自媒体大军。

（二）目前的潮流：自媒体的四种形式

之所以要分析错综复杂的自媒体形式，不单是因其数量众多，更重要的是因为在其内容传播的过程中，传播主体、传播渠道、传播反馈都有了新的形式。笔者将在此试图做出类型上的总结。

---

① WeMedia.2016自媒体行业发展报告[R/OL].(2017)[2023-09-10].http://mi.talkingdata.com/report-detail.html?id=486.

一是传统媒体在互联网上的多角度延伸。在PC时代，传统媒体的互联网延伸是网站，各家媒体纷纷建立了自己的网站，不仅展现纸质版的内容，也生产更适合网络的内容。在手机时代，传统媒体的延伸是各类新闻App，各家都开发客户端，例如设立某报手机客户端，并希望用户对其客户端产生归属感和黏性，试图建立用户读者圈子。自媒体时代，传统媒体终于做出了一些改变，首先是大部分传统媒体放弃了自建渠道，而是直接取道微信公众号、头条号等平台来分发内容。这一方面可以节约成本：这些内容大多直接复制粘贴，只需要编辑发布即可，相比自建平台成本大幅下降。另一方面是随着各类平台的壮大，传统媒体也不得不考虑内容的曝光量问题，多渠道分发内容成为许多传统媒体的做法。

二是知名媒体人的自媒体书写。相较于传统媒体的内容分发，知名媒体人的自媒体书写，可能会拓展出更加多样化的内容和形式。此前，受限于职业写作在选题、时效上的硬性规定，职业媒体人的写作主要反映其所供职媒体的视角和态度。但自媒体的出现，让个人书写有了更广阔的空间，也为媒体人的价值实现提供了新通道。这类写作不限于某一方面的内容，多依托媒体人的职业经历和资源积累，形成了一种具有独特的意见表达的写作方式。在这个过程中，一部分传统媒体资深媒体人纷纷投入自媒体怀抱，也不乏在营收和社会知名度方面做得非常成功的案例。

三是商业门户OGC的扩散传播。所谓OGC（occupationally-generated content，职业生产内容），是指商业门户记者、编辑生产的具有一定知识和专业背景的内容产品。传统媒体主导时代，因为不具有采编资质，商业门户的OGC尴尬地站在了新闻报道和软文之间进退两难，且由于平台之间的竞争，很少有跨平台内容出现。自媒体打破了这一传统，不同媒体（包括传统媒体、商业门户、草根用户等）都汇聚在了同一平台上，在同一起跑线竞争，为满足不同用户的需求属性各显神通。

例如搜狐新闻就在微信上开通了搜狐新闻账号，网易新闻也是；在微博平台，这种例子就更多了，跟新浪有直接竞争的商业门户，也没有放弃这个巨大的流量入口，纷纷在微博上展开内容运营传播。2017年末，对于讨论度极高的江歌遇害一案，《新京报》和腾讯联合创办的新媒体栏目《局面》，就是通过短视频将采访内容发布在微博等多个渠道，引起了极大的社交讨论度和媒体关注度。

四是公司化运营的生活服务类内容。早在微博时代，就有一批知名的草根用户涌现并积累了大量粉丝，他们制作的内容以娱乐搞笑类为主，由此也出现了一批运营此类账号的公司。在平台时代，这些公司和用户敏锐地抓住了风向，批量地制造和生产此类内容，在内容传播领域占领了一席之地（见表5）。

表5　2018年自媒体平台一览

名称	资本背景	特色及平台资源
微信公众号	腾讯	微信导流，海量用户，营销效果好。腾讯新闻客户端和天天快报可以为之导流
今日头条	风投资本	日活用户数量多
百度百家	百度	门槛相对较高，可以被百度新闻源收录
搜狐自媒体号	搜狐	搜狐新闻客户端
企鹅媒体平台	腾讯	腾讯新闻客户端及天天快报双平台运营，可以从微信直接同步，编辑流程简便
QQ公众号	腾讯	QQ为之导流，用户偏年轻化
网易号	网易	网易新闻客户端
凤凰大风号	凤凰	凤凰新闻客户端
UC大鱼号	阿里	UC客户端、UC浏览器
新浪看点	新浪	新浪新闻客户端、新浪微博

以上分析总结了目前主流的自媒体内容生产主体，从承载内容的平台角度看，自媒体传播渠道有着这样一些特性：大多有BAT（百度/阿里/腾讯）等强有力的互联网技术公司背景——其中腾讯拥有多个入口平台——既有互相竞争，也有互相提供内容接口的技术支持。传统商业门户网站则多以自身的新闻客户端为平台，力图吸引优质内容入驻。目前的资讯平台竞争，成败决定因素也已经由争夺用户数量发展到争夺用户使用时长。而使用时长的变化，就取决于新闻客户端所提供的内容。

三、新闻信息服务政策监管

新闻网站、商业门户网站、网络运营公司构成了网络新闻传播业务的三个重要支柱。①新闻网站与商业门户网站成为网络新闻的两大载体。根据 2000 年 11 月 8 日，国务院新闻办公室、信息产业部联合发布《互联网站从事登载新闻业务管理暂行规定》，明确：中央新闻单位、中央国家机关各部门新闻单位以及省、自治区、直辖市和省、自治区人民政府所在地的市直属新闻单位依法建立的互联网站（以下简称新闻网站），经批准可以从事登载新闻业务。②按规定所示意义层面上的新闻网站是特指由新闻单位依法建立的，可以从事登载新闻业务的网站。因为其资本属性，网易、搜狐、新浪、腾讯这类门户网站被归为商业门户网站类。

2005 年 9 月 25 日，国务院新闻办公室与信息产业部再次联合发布《互联网新闻信息服务管理规定》，对互联网新闻信息服务单位的设立、互联网新闻信息服务规范等作出了明确规定。互联网新闻信息服务，包括通过互联网登载新闻信息、提供时政类电子公告服务和向公众发送时政类通讯信息。互联网新闻信息服务单位分为三类：第一类是新闻单位设立的登载超出本单位已刊登播发的新闻信息、提供时政类电子公告服务、向公众发送时政类通讯信息的互联网新闻信息服务单位；第二类是非新闻单位设立的转载新闻信息、提供时政类电子公告服务、向公众发送时政类通讯信息的互联网新闻信息服务单位；第三类是新闻单位设立的登载本单位已刊登播发的新闻信息的互联网新闻信息服务单位。③

伴随着新媒体的发展，2017 年 5 月，国家互联网信息办公室发布新的《互联网新闻信息服务管理规定》，于 2017 年 6 月 1 日起施行。规定明确了互联网新闻信息服务的许可、运行、监督检查、法律责任等，并将各类新媒体纳入管理范畴。新修订的规定提出，通过互联网站、应用程序、论坛、博客、微博客、公众账号、即时通信工具、网络直播等形式向社会公众提供互联网新闻信息服务，应当取得

---

① 作者注：2003 年 12 月 8 日上午，中国互联网协会互联网新闻信息服务工作委员会在北京国际会议中心举行成立大会。来自新闻网站、商业网站、网络运营公司以及政府部门等方面的代表参加了成立大会。

② 互联网站从事登载新闻业务管理暂行规定[EB/OL]. (2000-11-06) [2023-09-10].https://www.gov.cn/gongbao/content/2001/content_132314.htm.

③ 互联网新闻信息服务管理规定[EB/OL]. (2005-10-12) [2023-09-10].http://www.mofcom.gov.cn/aarticle/bh/200510/20051000548284.html.

互联网新闻信息服务许可，禁止未经许可或超越许可范围开展互联网新闻信息服务活动。规定同时明确，未经许可或超越许可范围开展互联网新闻信息服务活动的，由国家和省、自治区、直辖市互联网信息办公室依据职责责令停止相关服务活动，处 1 万元以上 3 万元以下罚款。规定再次强调，互联网新闻信息服务提供者转载新闻信息，应当转载中央新闻单位或省、自治区、直辖市直属新闻单位等国家规定范围内的单位发布的新闻信息，注明新闻信息来源、原作者、原标题、编辑真实姓名等，不得歪曲、篡改标题原意和新闻信息内容，并保证新闻信息来源可追溯。规定还要求，互联网新闻信息服务提供者应当设立总编辑，总编辑对互联网新闻信息内容负总责。互联网新闻信息服务相关从业人员应当依法取得相应资质，接受专业培训、考核。互联网新闻信息服务相关从业人员从事新闻采编活动，应当具备新闻采编人员职业资格，持有国家新闻出版广电总局统一颁发的新闻记者证。紧接着在 10 月 30 日，国家互联网信息办公室又公布了《互联网新闻信息服务新技术新应用安全评估管理规定》和《互联网新闻信息服务单位内容管理从业人员管理办法》，自 2017 年 12 月 1 日起施行。该规定旨在强化互联网新闻信息服务提供者内容管理主体责任，规范指导互联网新闻信息服务新技术新应用安全评估。

从这一系列密集规范的更新和发布可以看出，有关管理单位对互联网信息服务新问题的重视程度。截至 2021 年 6 月 30 日，经各级网信部门审批的互联网新闻信息服务单位总计 2882 家，具体服务形式包括：互联网站 1722 个、应用程序 2555 个、论坛 114 个、博客 20 个、微博客 3 个、公众账号 6946 个、即时通信工具 1 个、网络直播 17 个、其他 41 个，共计 11419 个服务项。既有读者比较熟悉的新浪新闻、网易新闻、搜狐新闻、腾讯新闻、今日头条，也包括网易新闻客户端、新浪微博账号、网易新闻微信公众号这类获得互联网新闻信息服务许可的新媒体，形成了分地区、分层级、分类型的互联网信息服务主体。但总体而言，这些主体背后的平台是可以进行统一归类的，占据流量前排的也以大的互联网公司为主。除此之外，在具有互联网信息服务资质的平台上，除了由传统媒体运营的新媒体账号，还有政府政务类账号，科学、医学等机构账号，商业主体平台账号和公关类平台账号，广义的自媒体账号（以公司机构名义进行的内容生产），狭义的自媒体账号（个人的内容生产），新闻事件当事人账号。这些账号主体有交叉重叠，比如广义的自媒体账号就包括了公关类平台的账号，以个人名义开设的自媒体账号但以公司形式运营的账号，等等，主体体系复杂。

第二节 平台来了！

再回来说平台，平台一词很早就出现在汉语和西方词典中，《现代汉语词典》对其解释为（1）古台名。在河南商丘县（今商丘市）东北。汉梁孝王筑，并曾与邹阳、枚乘等游此。南朝宋谢惠连在此作《雪赋》，故又名"雪台"。（2）供休憩、眺望等用的露天台榭。（3）生产和施工过程中为进行某种操作而设置的工作台，有的能移动和升降。甚至在人们遇到一些困难很难突破时，也将其称之为平台期。计算机领域更早将平台引入了话语体系，比如Windows、DOS、iOS平台，更多意指一种应用软件的运行环境。但当传播学将平台引进来以后，这个概念的内涵和外延都得到了空前扩大。2010年，美国康奈尔大学传播学系兼职副教授，同时也是新英格兰微软研究院首席研究员的塔尔顿·吉莱斯皮（Tarleton Gillespie）在其《平台的政治》（"The Politics of 'Platforms'"）一文中，首先提出了算法批判，指出YouTube和谷歌使用"平台"这一概念来描述Web 2.0，并将这个商业故事讲述给广告商、用户和政策管理者，寻求市场和用户的青睐。有时候，平台被描述为技术的平台，有时候又是发声的平台，有时候还可能是机会的平台。平台这个词是如此"好用"以至于那些持批判态度的人可能对此放松警惕，因为平台掩盖了其中的紧张关系，"平台"这一隐喻帮助他们在政策监管的环境中寻得生机，但可能会帮助平台公司逃避监管用户言论的有限责任。当这些平台的提供者成为公共话语策划者，需要考虑平台如何发挥作用并对其进行评价。[①]

---

① Gillespie T. The politics of "platforms" [J]. New media & society, 2010, 12(3): 347-364.

平台生态系统在衣食住行各方面构建了我们日常生活的基础设施，以一种看似透明、用户至上的手段将个体联系到组织网络之中。这推动了圈层化，使每个人都成为网络的一个节点，在关系和文化的作用下形成被大大小小圈子所分隔的社会。[①]

事实上当我们把平台放在媒介这个语境中，可以把2000年初逐渐发展壮大的新闻门户看成是平台的雏形。从词义上来理解，门户也有"家"的意思，这个家不仅包括新闻信息，也包括社交互动、电子邮件、搜索工具、娱乐视频、游戏等等。也正是在国内门户发展壮大的时间节点上，YouTube显示出巨大的增长迹象，Facebook、Twitter快速成长。例如在2010年11月，Facebook的市值达到410亿美元，成为美国第三大网络公司，仅次于Google和Amazon。[②]这距离这个公司正式对公众开放（2006年9月26日）也就刚过去了4年时间。2004年，还是哈佛在校大学生的马克·扎克伯格创办了Facebook，成立初期原名为"The Face Book"，该应用软件最初只在学生中流行。PayPal共同创办人彼得·泰尔（Peter Thiel）认为这个应用具有前景并给了第一笔投资。此后Facebook先后进行了多次融资，其中值得注意的是2007年10月24日，微软宣布以2.4亿美元购入1.6%的Facebook股权，这意味着Facebook的总估值约150亿美元。[③]2008年前后，Facebook两次得到李嘉诚的1.2亿美元投资，超越了竞争对手MySpace。2012年5月18日，Facebook登陆纳斯达克，市值为1040亿美元，是至今价值最高的新挂牌上市公司，也是迄今为止历史上规模最大的一宗科技公司IPO。资料显示，截至2020年第一季度，Facebook用户超过26亿人，每天上传3.5亿张图片。伴随着Facebook的快速发展，对于它的批评也接踵而至，包括擅自使用用户数据、算法跟踪、泄

① 彭兰.网络的圈子化：关系、文化、技术维度下的类聚与群分[J].编辑之友，2019(11)：5-12.

② Womack B. Facebook Becomes Third Biggest US Web Company[J]. The Jakarta Globe, 2014 (1): 13-14.

③ Facebook and Microsoft Expand Strategic Alliance[EB/OL].(2007-10-24)[2023-09-10].https://news.microsoft.com/speeches/kevin-johnson-facebook-and-microsoft-expand-strategic-alliance-conference/#:~:text=Under%20the%20expanded%20strategic%20alliance%2C%20Microsoft%20will%20be,said%20Owen%20Van%20Natta%2C%20chief%20revenue%20officer%2C%20Facebook.

露用户数据，引发股价大跌——2018年3月16日，Facebook被曝在2014年有超过5000万名用户资料遭剑桥分析公司窃取并用来向用户发送政治广告，[①]受此影响，Facebook股价19日出现了5年来的最大单日跌幅6.8%，20日再跌2.56%，两日市值蒸发500亿美元。[②]

平台无处不在。我们拥有社交媒体平台（Facebook、Twitter、微博）、聊天应用平台（QQ、信使、微信）、电子商务平台（Amazon、阿里巴巴）、流媒体平台（Netflix、YouTube、腾讯视频、爱奇艺、优酷）和智能手机（iOS和安卓）。从表6可以看出，当前社交网络中的主流平台包括Facebook、YouTube、WhatsApp、Instagram和微信，活跃用户数在12亿人以上，TikTok、QQ、抖音等活跃用户也都在5亿人以上。从这些应用的成立年份和特点上不难看出平台的聚合性质，谷歌旗下的YouTube，Facebook旗下的Facebook、WhatsApp、Instagram、Facebook Messenger，腾讯旗下的QQ和微信，今日头条旗下的抖音和TikTok，大的互联网公司通过领先的技术和商业嗅觉，大规模地占有用户，从而在其社交软件这层身份之上构筑了一个平台。这个平台不仅允许人们分享自己的事情，也让"新闻"成为在平台上流通的一种"产品"。

表6　当下社交平台特点分析

平台名称	成立年份	特点
QQ	1999	支持微博、购物、游戏、电影、音乐和语音通信；即时聊天服务
Facebook	2004	文本、图像、视频、直播分享平台；面向13岁及以上人群开放注册
Reddit	2005	新闻社交聚合讨论平台
YouTube	2005	谷歌旗下视频分享平台；允许用户查看、上载、添加到播放列表、分享、订阅、评论其他用户的视频
WhatsApp	2009	Facebook旗下视频通话和即时通信软件
Instagram	2010	Facebook旗下的视频和照片共享服务
Pinterest	2010	照片共享平台；并能够通过标签方式保留想法

① Facebook数据泄露丑闻发酵 剑桥分析CEO被停职[EB/OL].(2018-03-21)[2023-09-10].https://www.sohu.com/a/225982670_656058.

② 用户数据泄露 脸书市值蒸发500亿美元[N/OL].新京报.(2018-03-22)[2023-09-10].https://baijiahao.baidu.com/s?id=1595576873923055719.

续　表

平台名称	成立年份	特点
Quora	2010	知识分享平台
Facebook Messenger	2011	消息传递平台；可交换信息、照片、视频、贴纸、音频、文件、语音和视频通话
Snapchat	2011	限时图片、视频分享软件
Telegram	2013	即时通信软件
TikTok	2017	支持用户自定义音乐和特效的短视频平台
新浪微博	2009	中国最大的社交媒体平台
快手	2011	短视频社交平台
微信	2011	多功能即时通信软件
抖音	2016	支持用户自定义音乐和特效的短视频平台

正是由于平台蕴含巨大的能量，引发了外界对于其垄断的担忧，对平台资本的批判和对平台社会的警醒不绝于耳。诚然，平台具有先进的技术特征，代表了人类科学技术的发展方向和未来，为人类的社会生活提供了诸多便利，并且平台这个词本身包含平等开放的意义，但是由科技公司主导的平台，也可能引发垄断造成的新的不公平。

对新闻业而言，计算机开始辅助记者从事新闻报道，电子邮件、复制粘贴极大便利了记者的职业写作，也带来了外界对新闻报道"空洞""雷同"的批评。但是计算机技术还是不可避免地在新闻业铺展开了。随着互联网的发展，门户网站出现，Web 2.0 的互动性看似有望改善媒体向不确定受众单向传播的弊端。记者开始在网上寻找选题，发掘事件，进行采访联系；记者所在媒体成为门户网站的有偿供应商，"内容上网"成为媒体的发展方向。后来，门户网站逐渐获得远超传统媒体的用户注意力并培养了用户的使用习惯，媒体发现问题远非内容上网这么简单，而是用户变了，于是纷纷寻求改革，融合媒体、付费墙等等尝试纷纷登场。不在乎网络媒体，不在乎社交媒体，肯定会被看作是落伍跟不上时代的，但是如何跟上时代，如何跟科技公司竞争，成为摆在媒体面前的问题。此外，在生存的基础上，数字时代似乎也带来许多新的问题，关于新闻为什么存在以及如何更好地为社会服务这件事情，似乎有了许多种不同的解释。除了努力向新媒体转型之外，也有人认为应该打破原有新闻学的学科界限，将新闻生产放在更广阔的数字空间来看待，这就意味着原有的新闻专业主义规则和伦理道德，需要全部分解、重组。一种意识根本性的变革到来了。

一、平台对数据的依赖

2011 年前后，英国纽卡斯尔大学的研究人员发起了一个名叫 BinCam 的智能垃圾桶项目。垃圾桶之所以智能，并不是会自动分类或者打开盖子，而是因为它有拍照和发Facebook的功能，当用户把垃圾扔进去时，垃圾桶会自己拍照并上传用户的Facebook平台，换句话说，任何人都能看到你扔了什么垃圾。这个项目的本意是想要让大家坚持垃圾回收，表现好的用户能获得虚拟奖励———一颗星星。尽管有研究表明，手机拍照的快门声响引起了用户的警觉并促使他们反思自己的浪费行为，[1]但更多的讨论是对这一发明的揶揄、嘲讽与批评。

智能垃圾桶项目包含了隐私、大互联平台、环保等多领域的社会问题，尽管并不复杂，但可以引发思考：基于现有的技术条件，我们可以分享一切，但是真的有必要分享一切吗？分享垃圾回收、促进节约环保的意义与在社交媒体上暴露隐私相比，到底孰轻孰重？让技术做点别的，而不是给家里的垃圾拍照会更好吗？社交传播虽然不是新闻传播，但依然应该传播适宜、恰当的内容。社交平台提供的分享精神和实践固然非常好，但是真的不用什么都分享，这也可以解释为什么现在网友经常发出"没新闻了可以不报"的评论，因为不是所有的家长里短都可以做新闻报道。最后，技术是新的，这没错，但新的未必就代表好的，必须要用批判的思维来看待新技术给我们生活带来的各种改变，有选择地接受它，千万不能因为它新，就对它全盘接受。

（一）收集数据成为商业模式

我们常常会注意到，新闻流中夹杂有广告流。它可能源于你前几日搜索的房

---

① 卫伟杰, 刘正捷. 面向家庭应用创新的 Living Lab 方法 [J]. 计算机科学, 2017(2): 56-64.

屋装修信息，也可能是你曾经浏览过的有关房价的新闻。打开社交媒体，用户能看到的"流信息"就更多，不仅有夹杂在信息流中的纯广告，而且很多公众号文章也是软性广告。广告看似更懂网友，更符合网友的需求了。

有评论指出，隐私是信息社会的奢侈品，网民的一举一动都暴露在互联网上。英国4频道曾制作一档真人秀《潜行追踪》(*Hunted*)，来体现现代社会对人的监控。节目找来普通人做"逃难者"，由其随意躲避，而追踪专家团负责寻找。专家团由反恐专家及前特务机构工作人员组成，他们能通过这些"逃难者"的家庭住址、手机通信、社交痕迹，甚至闭路监控等寻找出他们的隐匿之处。许多"逃难者"很快就会被找到，因为在社会生活中，大家留下的线索实在是太多了。

回到新闻生产领域，网站通常通过收集信息进而对用户定向分发广告或新闻，这种信息有可能是你在注册网站时填写的信息，也有可能是网站引导你选择的关注领域和兴趣范围，还有可能是通过你浏览的信息类型、时长和习惯做出的分析判断，更多的可能是基于日常用户浏览器的cookies所做的推送。

这种情况下，商业门户应尽到告知义务，同时应该避免对用户信息的商业化使用，但这在目前资本主导市场的情况下，几乎不可能实现。

（二）算法与推送

传统互联网推送兴起于20世纪90年代，主要通过用户与项目之间的二元联系，利用已有的选择过程和相似关系挖掘用户潜在感兴趣的对象，进行个性化推荐。但个性化推荐之所以能够实现，首先基于对用户信息的收集。目前主要的信息推荐系统有三种，分别是：基于内容的推荐技术、系统过滤推荐技术和混合推荐技术。基于内容的推荐技术(content based recommendation)，需要获取用户喜欢的项目，然后再选择其他的项目作为推荐参考，由系统隐式地获取或者由用户选择对项目的喜好，继而通过计算用户的兴趣偏好特征和待预测项目的描述文档之间的相似度，最终按相似度进行排序，向用户做推荐。简而言之，用户在反馈过程中表现出来的喜好，决定了推荐技术接下来满足用户的个性化推送内容。系统过滤推荐技术(collaboration filtering recommendation)，利用与当前用户相似的喜好来推测用户的下一次点击。混合推荐技术（hybrid recommend），通过不同策略方法进行组合推荐。

无论是哪种技术，都要首先对用户信息进行收集。在登录注册后，一般情况下网站会让用户选择自己感兴趣的方向，或者通过推荐的内容是否被点击来考察用户对某类信息的喜好程度，进而进行大致的信息收集。但是技术人士认为，这种信息收集不足以产生高质量的推荐。因此在这之外，需通过对用户账号的分析，根据用户在平台上发布的内容及其所属类别、用户自标签、社交关系、社交行为、参与的群组、使用的机型、使用时间等推断出用户的兴趣点有哪些。后台会描绘一张用户的"兴趣图谱"，即根据用户社交关系、社交行为来做度量。[①]

这种信息收集不可避免地涉及侵犯用户免打扰的权利。为了研究网络新闻生产，笔者的手机上安装了市面上的五个主流客户端，平均每天会收到近 50 条新闻推送，也就是每个 App 每天推送大概 10 条。这 10 条信息中，有突发新闻，也有一些看似是算法推荐的信息，例如笔者居住在北京市某城区，新闻客户端就会推送该区区长人选的更替新闻。手机后台的定位系统被新闻平台调用是显而易见的。

从新闻信息推送的机制看，商业门户一般会要求各频道根据新闻的重要程度上报给总编室申请，由总编室进行内容审核并具体推送；同时，为避免抢错新闻，对于突发事件和重要事件也有着比较严格的审核机制。

当然用户可以在隐私设置中关闭推送，但是这一操作本身就需要一定的使用经验，而且用户很难真正拒绝网站的推送。商业门户如何搜集、使用用户的隐私信息，涉及法律、技术、伦理的交叉领域。

二、多元主体参与下的隐私问题

互联网信息流动的便捷，让爆料成为一种公私信息流通的方式。这一方面有利于揭露社会腐败，促进社会公平；另一方面也存在泄露他人隐私的问题。较为典

---

① 今日头条的核心技术细节是什么？[EB/OL].(2015)[2023-09-10].https://www.zhihu.com/question/21220336/answer/54640576.

型的案例是，网民爆料，网站承担责任。例如十余年前沸沸扬扬的"死亡博客"事件：2007年底，一女白领跳楼身亡，在其生前留下的"死亡博客"中，死者将自杀归结为丈夫不忠，并在其博客贴出丈夫和第三者照片。随着女白领自杀，网民群情激奋，死者丈夫的身份信息被披露，还有部分网民到其工作单位和父母家骚扰，后死者丈夫起诉三家网站并获赔8000元。其中受到民事处罚的"北飞的候鸟"（MSN Space）、大旗网、天涯社区三网站，分别是当事女子的个人博客和两家论坛网站。现在在网上搜索女白领、死亡博客、第三者，还能搜到当事人的真名、生平过往、毕业学校，甚至连初恋的姓名都依然在。2009年12月23日，这起案件在北京二中院进行了终审宣判，法院认为，死者丈夫王某在婚姻存续期间与他人有不正当男女关系应受到批评和谴责，但应在法律允许范围内进行，不应披露、宣扬其隐私。

此外，还有一个现实的问题是，在新闻评论区，有网友进行评论，暴露了当事人的信息，记者和新闻机构该如何处理？本书认为，应该以统一标准进行规范，即不涉及法律问题和公共利益的内容，不应该采用，甚至需要主动干预删除这类信息，避免更大范围的传播。

因为对隐私权的不断争论，欧美法律学者提出了被遗忘权。所谓被遗忘权，一般是指按照有关个人信息保护规则，网络用户有权要求搜索引擎服务提供商在搜索结果页面中删除自己名字或相关个人信息。[①]2014年，欧盟法院作出了确认普通公民对个人信息拥有被遗忘权的终审裁定。我国民事权利体系中尚无该项法定权利，相关学术研究并未形成主流意见。

2017年3月20日，新京报的快评《被救助者雷文锋之死：一场"符合规定"的离世》引发关于救济制度漏洞的关注，但是在实践中也出现了一些问题。在这篇文章中，新京报官网并没有刊登死者的照片，但是在微博平台上流传的稿件中出现了死者的照片，并用图注说明是由死者家属提供的。有网站在转载时特意将这张照片补充进了新闻里，造成了死者照片大范围传播。从新闻专业主义角度讲，

---

① 王茜茹,马海群.开放数据视域下的国外被遗忘权法律规制发展动向研究[J].图书情报知识,2015(5): 121-128.

首先公布这张照片对于提供新信息并无益处；其次这张照片虽然是用户家属提供的，但是不加任何处理，可能会对死者家属造成二次伤害。从前置的处理情况看，网站在对编辑进行培训的时候就要求编辑慎重对待用户隐私，但是在具体实践中还是可能出现各种类似情况。

　　无独有偶，2018年4月底发生的米脂中学门口砍杀事件，也典型地体现了媒体在报道突发事件时，缺乏必要的求证过程，不仅在犯罪嫌疑人年龄等事实上出现错误，更因为错用他人照片引发侵权之虞。根据微博认证为"中共米脂县委宣传部官方微博"的账号发布消息，2018年4月27日18时10分，在米脂县第三中学校门外巷道发生一起伤害案件，一名男子持匕首行凶，导致19名学生（14女5男）受伤。截至4月27日23时，死亡学生人数上升为9人（7女2男）。[①]犯罪嫌疑人于案发后已被警方控制。初步查明：犯罪嫌疑人赵某，男，汉族，1990年1月20日生，米脂县城郊镇赵家山村人。2018年4月28日下午，犯罪嫌疑人赵某已被米脂县人民检察院批准逮捕。[②]在事实相对简单的情况下，媒体先是写错犯罪嫌疑人的年龄，在稿件中将其描述为未成年人，后又用错网友照片。陕视新闻在4月27日21时在微博发布了嫌疑人眼部打码照片及其微信个人简介页截图。但这张图里的人并非嫌疑人，而是陕西省神木市务工人员薛峰。5月1日，照片中的薛峰委托有5万多粉丝的榆林当地微博账号麻毛雄发布澄清声明讲述事件原委：4月27日事发一个多小时后，榆林二街世纪城斌子纹身店微信群内出现了该事件血腥小视频，薛峰在该微信群看到相关信息后回复了句"没毛病"。随后他被群内成员攻击辱骂，其照片、微信等信息被恶意散播，"中国之声""陕视新闻""陕西都市快报"等各大媒体争相引用。薛峰对不当言论道歉，也做出了非嫌疑人的澄清。[③]但是他的照片及微信信

---

①　"4.27"榆林米脂伤害案件情况通报[EB/OL].(2018-04-28)[2023-09-10].https://weibo.com/3798010857/Ge5zV86z9.

②　"4.27"榆林米脂伤害案件第二次新闻发布会[EB/OL].(2018-04-29)[2023-09-10].https://weibo.com/3798010857/Gef0wq2UD.

③　薛峰声明自己不是凶案嫌疑人[EB/OL].(2018-05-01)[2023-09-10].https://weibo.com/1809660062/GeE8IzBWk.

息已经在互联网上广泛流传。截至 2018 年 5 月 7 日，大部分传播了该照片的传统媒体已经在微博等渠道删除该照片，但据不完全统计，删除照片并道歉的只有最早披露照片的"陕视新闻"[①]和《新京报》的《局面》栏目，仍有《凤凰周刊》[②]《沈阳晚报》[③]、"头条新闻"[④]等既未删除也未道歉澄清。

第三节 后真相时代：诉诸情感动员

一直以来，在新闻"客观性"理念的荫蔽下也好，遮蔽下也罢，"情感"一词在新闻的专业准则中并不彰显，过度的情感表达可能会伤害专业性，新闻作者即使有情感表达也要尽量平衡多方观点意见或者通过专家之口来提出批评。当多元主体深入新闻信息生产传播实践中后，专业记者发现，那些诉诸情感的内容似乎更容易引发传播，以往被认为是营销手段的病毒式传播在新闻领域被放大，技术发展带来丰富的表现手段刺激着用户感官，但假新闻等负面影响也通过诉诸情感得以迅速蔓延。

人类已经为识别假信息努力了很长时间，虽然依靠政策治理及计算机和语言学研究的不断深入，已经有了多维方案或方法，但信息环境也在不断发生变化，特别是伴随着 2016 年美国总统选举尘埃落定，假新闻(fake news)成为媒体及学界关注的热词，谷歌搜索趋势直线攀升，围绕假新闻展开的各类研究影响广泛。当今语境下的假新闻正在试图误导和欺骗用户，所谓的后真相(post-truth)时代来临，当媒介场中的不同主体粉墨登场时，假新闻的影响力就更大了。

---

① 陕视新闻更正致歉信 [EB/OL].(2018-05-04)[2023-09-10].https://weibo.com/3229962754/Gf7ugEgy9.

② 《凤凰周刊》官方微博 [EB/OL].(2018-05-01)[2022-04-10].https://weibo.com/1267454277/Ge8XqA8s3.作者注：该微博已隐藏。

③ 《沈阳晚报》官方微博 [EB/OL].(2018-05-01)[2022-04-10]. https://weibo.com/1280846847/Ge3PX2jjt.作者注：该微博已隐藏。

④ 头条新闻微博 [EB/OL].(2018-05-01)[2022-04-10]. https://weibo.com/1618051664/Ge8LmoFBz.作者注：该微博已隐藏。

一、当假新闻泛滥时

假新闻在过去的几年中是热词。但在消除假新闻这场屡战屡败、屡败屡战的战役中，人们从未停止努力。"fake news"一词的谷歌搜索指数在 2016 年陡升并在此后连年保持高位，以及假新闻总是与后真相及另类事实（alternative facts）一同出现在人们的视野中，对于假新闻的社会关注反映了各界已经意识到假新闻试图制造的混乱和分裂。① 同时，也有人在致力于制造更假的假新闻——现实环境越来越复杂，与传统媒体时代相比，互联网时代假新闻的制作成本更低，载体形式更加多样，参与主体更多元，更正假新闻的成本更高。

2019 年，有印度学者分析了假新闻的类别和其制造假新闻的动机，有助于我们认识假新闻（见表 7）。

表 7　虚假信息分类

类别	定义	影响
谣言	未经证实的不一定是假的信息，也可能是真的	不确定性和混淆事实
假新闻	假借真实新闻的幌子传播虚假信息，通常通过新闻媒体或互联网传播，目的是在政治上或经济上获取利益，吸引读者	损害一个机构、实体、个人或获得财政、政治利益
误传	由于错误、粗心大意或认知偏差而在无意中变成虚假的信息	危害较小但对事实的错误解释会导致巨大的损害
造谣	有预谋的故意欺骗信息	宣扬一种信仰、思想、经济利益或玷污对手的形象
点击诱饵	故意使用误导性的标题来鼓励访问者点击某个特定的网页	为了赚取广告收入，进行网络钓鱼攻击
骗局	假故事，尤指通过玩笑、恶作剧、幽默或恶意欺骗等手段，用来伪装事实	谎言被视为真理和现实
讽刺/戏仿	文章主要包含幽默和讽刺，没有有害的意图，但有可能愚弄他人。"洋葱"和"讽刺线"是讽刺新闻文章的来源	动机很有趣，但有时也很费力，也有不良影响

① Martens B, Aguiar L, Gomez-Herrera E, et al. The digital transformation of news media and the rise of disinformation and fake news - An economic perspective [D]. Digital Economy Working Paper, 2018-02.

续　表

类别	定义	影响
意见垃圾邮件	关于产品和服务的虚假或有偏见的评论	不真实的客户意见
宣传	不公平的偏见和欺骗性的信息根据预先确定的策略在目标社区传播，以促进特定观点或政治议程	政治、财政利润
阴谋论	一种对事件的恶意解释，它引起了对有权势的行动者的邪恶臆测，通常是完全基于偏见或证据不足的政治动机	对人和社会危害极大

因为假新闻更新颖、更令人惊讶、更吸引眼球，能获得人们的注意力，从而鼓励了信息共享。①假新闻被转发的可能性增加了 70%，传播的速度、深度、广度都显著高于真相。

二、人工智能治理假新闻

在假新闻问题上，人工智能被寄予厚望。饱受争议的 Facebook 也会利用 AI 来检测可疑的假新闻。

对于检测假新闻的任务，学者将其定义为对某一特定新闻（报道、评论、曝光等）故意欺骗性的（假的、捏造的、制造的新闻或骗局）概率的预测。②既然是概率，就存在准确率的问题，多年来人们为之努力的重点也正在于此。20 世纪 80 年代，有学者研究显示测谎仪的准确率结果只有 57%，而最新研究显示其准确率也仅为 56.6%，由此得出结论："测谎仪的准确率很低。"③在真假信息面前，人们盲猜的准确率理论上应该也有 50%，这似乎表明人们并不擅长辨别虚假新闻。但通过对假信息的不断分析和摸索，在网络时代，人们积攒了大量的假数据包，包括

---

① Horne B, Adali S. This just in: Fake news packs a lot in title, uses simpler, repetitive content in text body, more similar to satire than real news[C]//Proceedings of the international AAAI conference on web and social media. 2017, 11(1): 759-766.

② Rubin V L, Chen Y, Conroy N K. Deception detection for news: Three types of fakes[J]. Proceedings of the Association for Information Science and Technology, 2015, 52(1): 1-4.

③ Hyman R. The psychology of deception[J]. Annual review of psychology, 1989, 40(1): 133-154.

虚假的产品评论、虚假的社交资料、垃圾邮件和网络钓鱼数据库样本。[①]从目前人工智能识别假新闻的具体理论模型上看，世界各国的差异不大。

在人工智能日趋成熟后，在大数据背景下自然语言处理（Natural Language Processing）、数据挖掘，以及用户的社交网络行为与语言分析进行交叉，结合新闻实践和新闻来源范围分析，为假新闻识别共同助力。通过对高被引文章的分析，结合已披露的人工智能虚假新闻检测模型（软件），当前人工智能虚假新闻检测方式有三类。

一是来源分析。Facebook利用AI识别假新闻的第一步就是识别来源，如果这些来源曾经传播分享过假新闻，那么很有可能会再次传播假新闻。密歇根州立大学计算机科学与工程学院开发了一套多源虚假新闻检测框架NMFD，也基于此进行了监测模型的搭建。[②]西安大略大学（University of Western Ontario）信息与媒体学院语言与信息技术研究实验室的学者们认为，结合新闻来源分析是语言学和用户行为研究之外的重要补充。[③]

二是假新闻的（语言学）模式分析。Facebook认为假新闻在互联网上的传播具有特定的模式，例如文本本身，虽然AI不能识别价值判断，但可以通过一些特定标识，比如在评论部分使用了怀疑句式，来进行识别。[④]

三是网络模式分析。这种模式是内容分析的重要补充，知识网络的使用促进了规模化的计算事实核查。分析主要针对关联数据和社交网络行为，也就是利用人类现有的集体知识来评估新陈述的真实性。[⑤]

① Rubin V L, Chen Y, Conroy N K. Deception detection for news: Three types of fakes[J]. Proceedings of the Association for Information Science and Technology, 2015, 52(1): 1-4.

② Shu K, Sliva A, Wang S, et al. Fake news detection on social media: A data mining perspective[J]. ACM SIGKDD explorations newsletter, 2017, 19(1): 22-36.

③ Conroy N K, Rubin V L, Chen Y. Automatic deception detection: Methods for finding fake news[J]. Proceedings of the association for information science and technology, 2015, 52(1): 1-4.

④ Strickland E. AI-human partnerships tackle" fake news": Machine learning can get you only so far-then human judgment is required-[News][J]. IEEE Spectrum, 2018, 55(9): 12-13.

⑤ Conroy N K, Rubin V L, Chen Y. Automatic deception detection: Methods for finding fake news[J]. Proceedings of the association for information science and technology, 2015, 52(1): 1-4.

在强调人工智能在假新闻识别方面的特殊作用以外，我们还必须注意到人工核查的重要性。鉴于社会的批评，国内外一些媒体已经有所行动。例如为了报道美国大选，美国媒体发起了事实核查（fact checking）这一机制，不仅《纽约时报》等传统媒体加入其中，谷歌新闻、Facebook等具有算法优势的企业也加入了这场行动。2016—2020年，Facebook、Twitter和谷歌发布了数十项公告，承诺增加高质量新闻的曝光率并消除有害的错误信息。此外，参与这项行动的还有独立的新闻事实核查网站PolitiFact、FactChecker和FactCheck.org等。简单来说，这一机制是为报道总统选举而专门开辟栏目或网站，通过审核政治人物言论的真实性来为选民投票提供参考。[①]Facebook没有及时开发这项机制，受到了网友的猛烈批评，因为其平台上传播的假新闻影响到了美国总统选举结果。后期Facebook火速上线了一个"虚假"标签，如果有多名用户标记了某一信息为假新闻，这则消息就会自动加上标签以提醒用户。标签内容显示"多名用户举报该消息包含虚假信息"。谷歌也给谷歌新闻增加了"Fact Check"标签，帮助用户分辨新闻真假。

中国的情况则比较宽松。在各商业门户中，都有事实核查这一项。例如搜狐的"谣言终结者"（网页版于2015年停更），入口在新闻页面的底部，很难找到。网易新闻不良信息举报入口也在页面最底部，但是点击进去举报内容，需要注册网易通行证，给实际操作带来一定的门槛。新浪新闻将举报链接到了互联网不良信息举报平台，也是在页面最底端。从实际情况来看，目前在PC端页面坚持做内容信息核查比较好的可能是腾讯，并且是由编辑完成的，可信度更高，内容不限于社会、科技、健康等类别，涉及较为广泛的领域。这些事实核查的特点是技术难度大、参与性不高。

另一个值得关注的现象是，目前新闻业的竞争已经过渡到对平台入口的争夺。无论是依靠百度新闻源收录（2017年3月20日宣布正式关闭），还是依靠自媒体平台（微信、微博、新闻客户端）作为入口，媒体需要以标题和导语来吸引用户的

---

① 为报道大选美国媒体发明事实核查新闻学[EB/OL].(2015-12-15)[2023-09-10].https://mp.weixin.qq.com/s/7Flm5nebBD0o414Xh1yp8g.

注意，因此同类化倾向严重、标题党等问题随之出现，虽然经过有关部门的反复强调和几次治理，这种情况已经有所缓解，但是其根源性问题没有消除。

伴随着平台的崛起，越来越多新平台加入信息传播链条中。跟门户网站有较为丰富的新闻信息处理经验不同，新平台的商业模式和运营方式都是新的，所以即使他们宣称在进行核查，致力于提供高质量的无害的信息，普通用户和研究人员也并没有办法检验他们所做的承诺。因为数据本就掌握在这些科技公司手里，它们不会贸然对外界开放这些核心数据。《华尔街日报》的前出版商和News Guard的联合创始人戈登克罗维茨就对缺乏透明度而感到沮丧："如果你是一家新闻机构，你想知道自己的评级如何，你想问问他们这些系统是如何构建的，他们不会告诉你的。"

第六章　解构权力：第四权力与第五权力的排位竞逐

让我们从故事开始。

2009—2017 年担任第 44 任美国总统的贝拉克·侯赛因·奥巴马（Barack Hussein Obama）是首位非裔血统的美国总统。2007 年初，奥巴马在芝加哥建立自己的竞选团队，并于 2 月 10 日在伊利诺伊州首府斯普林菲尔德正式宣布参选。2008 年 6 月 3 日，经过民主党党内初选，奥巴马成为美国有史以来第一位黑人总统候选人。当月，奥巴马宣布不用公共筹款来进行总统竞选。当年 11 月 5 日，奥巴马成功当选，十余万人在午夜时分齐聚芝加哥格兰特公园倾听奥巴马演说，次日美国各大报纸比日常加印 50% ~ 400% 不等，仍旧迅速售罄。[①]

选择不用公共筹款的奥巴马，充分利用了媒介来为自己造势。注意，这里不仅是媒体，还包括各种媒介，除了常规的电视广告和街头广告，奥巴马还花费了大量的资金在互联网媒介上：iPhone 应用商店上架了他的竞选程序，在网上募捐；在游戏《第二人生》里做广告，在 Xbox 赛车游戏 Burnout Paradise（通常译为《火爆狂飙》）中做广告，在游戏《极品飞车》和 NBA 游戏中做广告；他在 Facebook 拥有一个包含 230 万名拥护者的群组，其竞选团在 YouTube 上传了大量视频，而且这些视频的主题是经过精心设计的；在搜索引擎上投放定向广告，不仅搜索奥巴马

[①] 何威."互联网总统"的迷思——2008 美国总统大选中的互联网应用分析 [J].国际新闻界,2009(1): 76-81.

的名字时会有专门的展示页面，还包括搜索"油价""伊拉克战争"和"金融危机"这类热点话题时对奥巴马的展示。前谷歌全球副总裁李开复在一次公开论坛上曾经透露过奥巴马的谷歌广告投放故事，当时油价上涨、金融危机这类搜索关键词的竞价其实很便宜，奥巴马抓住了这个机会。当人们关心此类问题并在谷歌上进行搜索时，页面旁边就会有一个奥巴马的描述，谈及奥巴马对该问题的看法。此外，奥巴马团队还发起了病毒邮件营销，例如一封名为《我们为什么支持奥巴马参议员——写给华人朋友的一封信》的中文邮件到处传播，文章非常详细地阐述了奥巴马当选对美国当地华人选民的好处，最后信中写道："请将这封信尽快传送给您的亲朋好友，并烦请他们也能将这封信传下去。这是您在最后几天里所能帮助奥巴马参议员的最为有效的方式之一。"据techpresident.com网站报道，2008年奥巴马为竞选总统在网络上发出了1300万封邮件，400万名捐款者通过网上电子渠道捐款，奥巴马支持者网站My.BarackObama.com拥有200万名会员。① 奥巴马获得了超过5.2亿美元的竞选经费，据估计其中有超过85%来自互联网，而且绝大部分是不足100美元的小额捐款。②

曾是奥巴马2008年竞选团队战略专家的拉哈·哈佛西（Rahaf Harfoush）撰写的《是的，我们可以：揭秘社交媒体如何构建奥巴马品牌》（*Yes We Did: An Inside Look at how Social Media Built the Obama Brand*）一书中特别提到，在线上动员的基础上，奥巴马团队是如何将线上宣传转化为实际支持力量的："他们的战略目标是将选民的网络行为转变成为线下行动。这表明，他们深刻认识到了网络和线下的鸿沟需要弥补，需要鼓励网络用户在真实世界中做出行动。"③

到了2012年连任竞选时，奥巴马又尝试了新举措，例如拥抱最新最热门的互联网应用。在新闻聚合网站Reddit发起"有问必答"（Ask Me Anything）活动，该

---

① 奥巴马：第一个"真正社交"的总统[EB/OL].(2012-09-09)[2023-09-10].https://www.huxiu.com/article/3520.html.

② 新媒体营销观察站[EB/OL].[2023-09-10].http://www.zhangjin111.com/news111109.htm.

③ 奥巴马：第一个"真正社交"的总统[EB/OL].(2012-09-09)[2023-09-10].https://www.huxiu.com/article/3520.html.

活动甚至能够凭借自身影响力登上Twitter热门话题。奥巴马在Reddit上的实时聊天活动为Reddit带来了创纪录的流量。该活动不仅导致Reddit网站因拥堵而崩溃，页面浏览量更是超过10万次。[①]

事实上，政治动员充分利用媒体渠道早已经不是什么新鲜事了，无论是罗斯福的"炉边谈话"，还是丘吉尔在BBC庆祝二战胜利的著名演讲，都在用形象化、声音化的元素刺激着信息接收者。在这点上，广播媒体的效果比纸质媒体好，电视媒体的功能比广播强大，而在线媒体除了创造随时随地的可能性外，还凭借精准、有效的互动成为政治动员最有力的方式。这也充分体现出讨论媒体到底处在一个什么地位的话题的必要性。

以往，人们认为媒体是第四阶层或第四权力；而现在，互联网成为第五权力，它与第四权力之间，又是如何互相影响的呢？这正是本章要讨论的话题。

第一节　传播的权力观

一、什么是第四权力？

谈及新闻界，人们会用第四阶层或第四权力来形容它。由于第四阶层这一概括除了在新闻界广泛使用，也在社会分层中广泛使用，所以本书中统一使用第四权力而不是第四阶层来谈论这个问题。

说到第四权力，那么就必然要说说前三种权力是什么。

与第四权力相对应的前三种权力，也就是现在提及的"三权分立"中的三种权力，分别是立法、司法和行政，三项权力互相独立，互相制约。说到这里你可能会明白了，谈第四权力，实际上说的是媒体与政治权力之间的关系。因为前三种权力是国家治理中不可或缺的三个部分，那作为第四权力的新闻出版，又是怎么

---

① 奥巴马：第一个"真正社交"的总统[EB/OL].(2012-09-09)[2023-09-10].https://www.huxiu.com/article/3520.html.

来的呢？简而言之，伴随着资产阶级革命开始，新兴资产阶级与封建王朝之间势必会在各个层面展开争夺，其中思想斗争也是重要方面。新兴资产阶级通过办报来传播思想，发动群众，因此代表着新兴、进步趋势的报纸，是封建势力打压的重点。为了争取新闻自由和出版自由，报界积极进行斗争。为了避免受制于各个不同的政党，沦为党派夺权的工具，陷入政党互相攻击谩骂的境地，损害自身信誉，报界开始鼓吹客观中立，虽然经过了便士报、黄色报刊时代等不尽如人意的发展阶段，但是这些变化为报刊赢得了大量的读者，也保证了报刊能够盈利进而独立（参见前述章节）。独立的报刊开始监督政府、立法和司法，也就出现了在三权分立之外的第四权力之说。

最著名的媒体行使第四权力的案例恐怕要数美国"水门事件"了。"水门"是一个地理名词，现在可以泛指当时互相勾连的一系列政治腐败事件。1972—1974年，美国总统尼克松为了连任，"绝望挣扎"①地采取了一系列非法活动和欺骗行为，这些活动在独立报刊记者和内线"深喉"（匿名内部消息提供者）的通力合作下被公之于众，令执政党和在野党同样大受震撼。其中广为流传的是尼克松窃听丑闻，1969—1971年，尼克松授权联邦调查局对4名记者和13名政府官员进行电话窃听，国务卿基辛格也对某些电话窃听活动给予鼓励。1971年，为了阻止自己更多的秘密被泄露，尼克松批准成立了一个名为"管子工"（Plumbers）的监视组，调查被泄露给媒体的情报信息路径，来堵住情报泄露的漏洞，支持这些"管子工"的经费也是从尼克松竞选连任经费中支出的。1972年，这些"管子工"闯入了尼克松的竞选对手——民主党全国委员会总部水门大厦，他们在民主党主席办公室里安装窃听器时被华盛顿警察抓获。报界随后迅速跟进，《华盛顿邮报》《纽约时报》都刊登了水门大厦被闯入的新闻，其中《华盛顿邮报》记者鲍勃·伍德沃德（Bob Woodward）和卡尔·伯恩斯坦（Carl Berstein），在调查过程中顺藤摸瓜，发现其中一个入侵者的通信录里有一名叫霍德华·亨特的人，顺着这个线索找到了白宫的一

---

① 埃默里.美国新闻史：大众传播媒介解释史[M].9版.展江，等译.北京：中国人民大学出版社，2009.

个办公室。原来霍德华·亨特是尼克松总统选举委员会成员，也是一名老牌特工。后来他们在一名"深喉"的帮助下进行了报道。虽然这次报纸的报道没能阻止尼克松连任，但随着法院对闯入事件的审理，电视媒体开始注意到"水门事件"这个选题，最终引发了公众的关注，反对尼克松的情绪不断增长，新闻界开始大规模报道此事，最高法院也开始介入调查。1974 年 8 月 8 日，尼克松宣布辞职。"水门事件"作为调查报道的典型案例广泛流传，甚至被拍成了电影。《华盛顿邮报》的两位记者也因此获得了普利策奖。

在 19 世纪晚期，"中立派"以及追随此派的进步主义者形成了一个庞大的革新群体，成功地促进了社会变革，削弱了政党的权力，致力于探索新的制度来对政党权力进行监督，期待建立一个"富有智慧的公民体"而非"忠于政党的公民体"。报纸超越党派之分，具有智慧性和独立性，进而影响了记者对新闻业的理想与期待。[1]因此，虽然有学者认为媒界标榜的客观独立一定程度上是为了证明自己的合法性，但以独立客观为根本的第四权力并非空穴来风，也并非无根之木。

我们再总结一下前四项权力，分别是立法、司法、行政和独立的媒体，立法、司法、行政互相制约、互相监督，独立的媒体监督前三项，当然也受制于前三项，形成了互相缠绕的关系。现在我们要把视角转换一下，来看看第五权力又是怎么回事。

二、什么第五权力呢？

虽然在不同政治体制下，四个层级的权力区分法显示出了不太一致的作用，但总体而言，对于政治权力的监督是有利于民主社会公共利益的。

在此基础上，有人提出了第五权力。对于第五权力的认定，不同学科之间还有着分歧，比如有公共政策学者把"智库"看作是第五权力，因为其一直在政府的内政外交决策中发挥着重要作用。从传媒角度来说，第五权力是指随着互联网的兴起，网络舆论对社会生活方方面面的影响。不同于前四项权力都有相对比较明

---

① 舒德森.发掘新闻——美国报业的社会史[M].陈昌凤,常江,译.北京:北京大学出版社,2009.

确的实体，网络意见的主体是分散、多元并不具体的，但可能会产生巨大影响，以至于前四项权力不得不对之加以关切和回应。

图 18　引发网络关注的"微笑"①

以"手表哥"案件为例，2012 年，原任陕西省安全生产监督管理局局长、党组书记的杨达才，因为在延安交通事故现场的一张面带微笑的新闻照片"走红"网络（见图 18）。网友质疑官员为何在事故现场表现出如此情态，进而对其展开搜索发现，杨达才曾在多种场合佩戴不同品牌的名表，眼镜和腰带也是价值不菲。同年 9 月 1 日，湖北三峡大学一位在校大学生向陕西省财政厅寄送了政府信息公开申请表，申请公开杨达才 2011 年度的工资。9 月 20 日，该生收到的陕西省财政厅特快专递回复称：杨达才个人工资收入事项，不属于陕西省财政厅政府信息公开范围。2013 年 2 月，经陕西省纪委进一步调查，杨达才在任职期间严重违纪并涉嫌犯罪，对其涉嫌犯罪问题移交司法机关依法处理。2013 年 8 月 30 日，法院开庭

---

① "表哥"杨达才被开除党籍移送司法 [N]. 新华每日电讯，2013-02-23(01).

审理这一案件，庭审中检方出具的证据显示，杨达才家庭财产累计 1177 万余元，其中存款 877 万元，支出 238 万余元。这些财产中，杨达才能够说明来源的有 611 万余元，504 万余元无法说明来源。检方认为其家庭财产明显高于其合法收入，依据《刑法》相关规定以巨额财产来源不明罪提起公诉。在 611 万余元能说明来源的财产中，杨达才本人及其妻子、儿子、儿媳四人的工资性收入为 197 万余元。其妻子退休后经营的餐饮项目收入 144 万元，其妻子退休前在银行工作时揽储奖金 60 万元，夫妻二人公积金 20 万元，加上受贿收入 25 万元，另有理财及利息收入 70 余万元，杨达才家亲属赠予 30 万元，婚丧嫁娶收入 65 万元。2013 年 9 月 5 日，西安市中级人民法院一审公开宣判：杨达才犯受贿罪，判处有期徒刑 10 年，并处没收财产 5 万元；犯巨额财产来源不明罪，判处有期徒刑 6 年，决定执行有期徒刑 14 年。

总结来说，在该案件中，杨达才因为一张"微笑照"引发网民关注。网民进一步搜索新闻照片，发现他穿戴价值不菲，进而要求公开其财产信息，引发纪委关注并介入调查。最终在这起案件中，网络舆论取得了胜利。

此类案件并非孤例。2018 年的"严书记"事件与之相似，但不同的是，这次引发风暴的不是新闻照片，而是微信截图（见图 19）。当年 5 月 10 日，因为幼儿园一名姓严的女孩打了其他小朋友，幼儿园老师把教师群聊天信息错发到家长微信群里说，"以后放学那会严某某单独坐""或者周围的人给她清空，她单独坐一边""真的是够了"。严某某的母亲李某某在群里发消息称："陈老师，你马上在班上当着所有师生给严某某道歉，否则，我通知你们集团领导来给我解释你对严书记的女儿说这话是什么意思！！！"接着，李某某在群里说，"学校处理结果：对陈老师开除处理！"该微信群聊天记录被曝光后，"严书记"被推上风口浪尖。众人不知道严书记是哪路神仙，于是纷纷展开"搜索"，网络舆论热度走高。后经证实，严书记是广安市委副书记严春风，相关部门在一周后发布消息称严春风因涉嫌严重违纪违法接受纪律审查和监察调查。

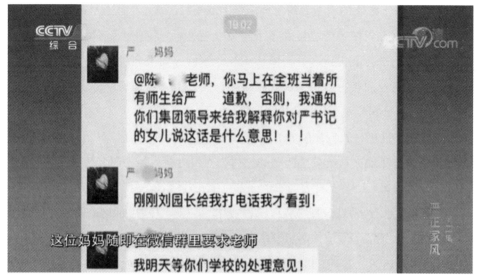

图 19　图源央视纪录片截图

　　新闻照片、微信截图，甚至是视频，媒体技术给人们留下了太多的数字线索，新冠疫情期间那些在发布会上把口罩戴反的官员、在本应该肃穆的场合嬉笑的官员，其行为都被记录在案。有学者认为，"第五种权力"最擅长的领域，是网络监督和网络反腐，对权力滥用实施舆论批评和实际"纠错"。①

　　但随着媒介技术的发展和公众对新媒体的使用程度加深，事实上诸多公共议题已经突破了对公共权力的监督，甚至演进到对个人道德、职业行为、商业行为的监督。网络舆论让"社会性死亡"案例频频上演。

　　2021年，安徽蚌埠的一名女子在遛狗时因未拴狗绳与邻居发生了纠纷。7月2日，一则相关视频出现在网上，视频中显示狗主人谈及"谁敢弄我的狗？有钱，几千万都给你赔得起"。此举引发网友热议，"女子称狗比人值钱""女子遛狗伤人还口出狂言"等热搜陆续出现。更有网友曝光了视频中狗的主人是某饭店老板娘，其经营的酒店更是引来了大量网络主播的直播曝光。在该酒店办理了

①　刘畅."裁判员困境"与"第三方"入场——对第五种权力一种特性的剖析[J].南京社会科学, 2009(4): 56-61.

充值卡或预订了酒席的消费者纷纷要求退卡或退订酒席。7月5日，蚌埠市公安局经开分局官方微博警情通报发布了相关处理结果，狗主人邹某因殴打他人和语言威胁他人被行政拘留7日，邹某所经营餐饮公司发布了致歉声明，另一方邵某也因殴打他人被行政拘留3日。至今在网络上搜索该餐饮公司名字，还能出现"×××公司偷税漏税"的关联词。

在这起案件中，我们能够看到理性和非理性舆论的并存，对于遛狗不拴绳、打架和威胁恐吓他人这类公共问题的探讨当然没有错，但是曝光公民个人信息，围观其经营的饭店，甚至冒充当事人或其亲属进行直播，等等做法，以此吸引眼球赚取流量，误导公众舆论，已经开始突显作为一种"权力"的网络舆论的负面作用。而"罗冠军事件"①"清华学姐事件"②则表明，当有人蓄意利用网络舆论来左右网民情绪并攻击另一方时，这种权力也可能会对公民个人造成严重后果。

所以应该明确的是，作为第五权力，网络舆论的确具有弥补第四权力不足的作用，但它与第四权力本身还存在着公信力方面的差异，这并不是指传统媒体行使第四权力总是对的，不会出错，而是指由于第五权力的主体是多元且分散的，普通人要区分究竟是真正的正义还是被裹挟的民意，需要更多调查研究，而调查研究这个环节还是需要传统媒体和公权力机关的介入。

---

① 罗冠军事件：2020年7月，梁颖在微博发布长文称自己与男友罗冠军第一次约会时在未经同意的情况下"被强奸"，并表示罗嫖娼、品行不端，在大学期间曾有"强奸"别人的经历。一时间"罗冠军"成为网络热词，新浪微博话题阅读量超13亿次。8月31日起，罗冠军发多篇微博长文自辩。他称自己"已经社会性死亡"。9月5日晚，当事人梁颖委托律师通过其微博发布声明，称罗冠军没有强奸自己，因双方"没有处理好分手事宜，才会在网上曝光冤枉罗冠军"，向公众和罗冠军及其家人道歉。同一时间，罗通过其个人微博表示，"已放弃了所有刑事控告，民事名誉侵权诉讼正常进行"。综合自界面新闻，从罗冠军事件重思正义：在理解不正义时，为何施害者总是占据人们更多注意力？[EB/OL].(2020-09-11)[2023-09-10],https://baijiahao.baidu.com/s?id=1677512704362028771.

② 清华学姐事件：2020年，清华美院一女生发朋友圈称自己在学校食堂遭学弟骚扰，尽管学弟极力否认并表示可调出监控自证清白，该女生仍将学弟的部分身份信息公开至朋友圈。后经查询监控，该学姐确认所谓"骚扰"只是一场误会。随后，学姐表达了歉意，学弟也愿意达成和解。谁知这时，网友们却摆出一副不依不饶的态度，又一股脑儿地跑去痛骂学姐。网友们扒出了学姐的身份信息，甚至中、高考成绩，原本威胁要让学弟"社死"的学姐，自己反而"社死"了。综合自海外网，侠客岛：伸向"清华学姐"的不是咸猪手，而是……[EB/OL].(2020-11-25)[2023-09-10].https://baijiahao.baidu.com/s?id=1684304887990920845.

三、传播的权力

无论是第四权力还是第五权力，都围绕着一个核心的问题——传播权。网络社会之所以"新"，正是由于其开放、平等、自由等特质。理想情况下，互联网上的自由传播可以促进信息的流通，虚假有害信息可以通过交流自净，但现实情况显然更加复杂一些。

首先，在不断技术升级的过程中，互联网的发展速度以指数级增长。不断出现的新技术，给网络空间的权力分配制造了诸多变量。

其次，互联网也是商业的。即使网友自认为在"自由"地表达意见，但事实上依然需要依托互联网公司所搭建的平台。或者换句话说，互联网公司开发的应用程序和App承载着绝大多数网友讨论，一旦服务器关闭或者删除讨论，这些内容将不复存在。虽然商业公司中不乏以人类福祉为目标的口号，但经济收益是其存在的目的，甚至是最重要的目的。这种情况下，互联网公司虽然不希望受到监管，但却在监管它的用户。用卡斯特的话说，商业公司一直试图将自由的空间改造成加了围墙的后花园，以便把控入口获得利益。

虽然网络舆论在某种程度上促进了民主政治，提高了社会公共事务的参与度，但是网络舆论在传播的过程中，也会存在舆论射偏靶子或者被蓄意利用的情况。网络民意和独立媒体二者联合，取长补短，或许才是出路。第四权力和第五权力不是单纯的继承关系，也不是第五权力取代第四权力的关系。相比较而言，第四权力的拥有者如何保持独立性，在第五权力的范围内更加透彻地认识网络社会，理解第五权力拥有者的认知心理和文化心理，从而保持对社会公共利益的关注与维护，或许才是在三种权力之外谈论其他权力的终极意义所在。

第二节　数字劳动 vs 传播权力滥用

我们不仅要意识到网络舆论的第五权力，也要意识到现代社会用户既是内容的消费者，也是内容的生产者，正在用数字劳动来为互联网持续不断地创造着利润。

21世纪初，就有学者意识到了用户参与媒体内容创造，生产和消费之间的彼此消弭可能会对社会带来一系列复杂影响。[①]数字劳动（digital labour）一词，最早出现于意大利学者泰拉诺瓦（Terranova）的《免费的劳动：为数字经济生产文化》（"Free Labor: Producing Culture for the Digital Economy"）一文中，作者认为数字劳动指向更为贬值的知识劳动，网民将互联网视为"操场"（playground），每天投入大量时间进行娱乐和社交活动——更新状态、上传照片、与亲朋好友互动，然而他们可能同时扮演着另一个自己并不认可的角色——为社会"工厂"做着"免费的劳动"。[②]

从政治经济学角度来分析新闻行业是20世纪传播学的显学，加拿大学者文森特·莫斯可（Vincent Mosco）在其《传播政治经济学》（*The Political Economy of Communication*）一书中指出，传播政治经济学的研究焦点可以归纳为三个切入点：商品化、空间化和结构化。对于商品化，莫斯可认为有三个层次，分别是媒体内容的商品化、受众的商品化和传播劳动的商品化。

对于数字劳动的讨论，大致有两种路径。一种是文化研究路径。这部分学者认为Web 2.0时代的用户对媒介内容的消费不是被动的，用户在消费的同时也在制造社会所需要的信息资本，即成为产销者（prosumer）。这一过程中劳动者受到了一定程度的剥削，但却被劳动者欣然接受了。另一种是政治经济学路径。马克思主义理论家克里斯蒂安·福克斯（Christian Fuchs）认为，数字劳动对知识文化的消费被转化为额外的生产性活动，生产者（消费者）受到了一定程度的剥削，数字劳动是异化的劳动。[③]

诚然，互联网给了新闻生产更多可能，普通民众能够参与表达，进而对事件的走向和结果产生影响。但是充斥在网络上的，更多是跟公共事务无关的网络聊天，新媒体用户所参与和创造的内容往往多为娱乐和消费性的内容，不仅琐碎，耗费时间，而且很多时候要付出情感。邱林川在研究新型网络社会的劳工问题时

---

① Manovich L. The language of new media[M]. Cambridge: MIT Press, 2002.

② Terranova T. Free labor: Producing culture for the digital economy[J]. Social Text, 2000, 18(2): 33-58.

③ 燕连福,谢芳芳.福克斯数字劳动概念探析[J].马克思主义与现实, 2017(2): 113-120.

不禁发出这样的感慨："在内容生产的宏观结构上，网民们真能参与到互联网服务商和内容商的决策过程中吗？"①答案可能是否定的。不可否认一些商业门户会通过考察用户的需求和热评，来推出某一类别的内容或者在报道对象、文字风格上进行改进。但这里的内容通常都是指软新闻。那些涉及公共事务的新闻，网民能够参与的少之又少。反观用户在社交网站上留下的各种信息，不仅可以直接成为内容的一部分，也可以成为网站用来商业化和变现的手段。通常情况下，数字劳动包含了网站工作人员（同时也是信息消费者，包括技术、运营、编辑等工作人员）的劳动，也包括了单纯的用户劳动。另外，既然是数字劳动，那么产出的内容和商业组织之间如何产生经济勾连显然也应该被考察。

在前文中，我们提到了假新闻、后真相，二者就是第五权力被滥用的例子。2018 年，德国明斯特大学（University of Münster）传播学教授桑斯顿·柯万特（Thorsten Quandt）提出黑暗参与（dark participation）的概念，指民众以一种消极、邪恶的形式参与信息生产，他们生产的信息内容包括虚假或误导类信息、种族主义、仇恨言论、网络欺凌、侮辱等等试图煽动、操纵某种负面情绪的参与。②都柏林大学（University College Dublin）和伦敦大学（University of London）学者的联合研究表明：2016 年美国大选中，支持特朗普的推特用户约有 1/3 是社交机器人和高度自动化的账户，这些用户生产了大量内容，并且更善于使用标签将生产的内容与更广泛的讨论连接起来，政治算法已经成为草根化（astroturfing）运动政治沟通的一种强大手段。英国脱欧期间，一共有 13493 个自动化的推特账号发布了不少支持脱欧的言论，并且在投票结束后账号就被注销了。③

当奥巴马第一次使用互联网为自己的总统竞选造势时，人们还来不及分辨这些民意是不是真实的民意，就被他的胜利当选冲击，以至于给他"互联网总统"的称号；但在后来，尤其是更多政治家使用互联网作为自己的竞选阵地时，人们发

---

① 邱林川.新型网络社会的劳工问题[J].开放时代,2009(12):128-139.

② Quandt T. Dark participation[J]. Media and Communication, 2018, 6(4): 36-48.

③ Bastos M T, Mercea D. The Brexit botnet and user-generated hyperpartisan news[J]. Social Science Computer Review, 2019, 37(1):38-54.

现了虚假动员、抹黑竞争对手、营造支持的虚假民意等行为，其背后都是竞选的经济势力和政治权力的较量。在人类社会中，这样的问题总会重复上演。即使技术的初心是好的，但走着走着就走歪了。万维网发明者伯纳斯·李曾经以免费、开放的愿景建立的互联网世界，正在逐渐被大型科技公司主导，权力集中于少数平台，而黑暗参与等漠视人性的传播方式导致了极化、民粹主义、犬儒主义，虚假信息乃至仇恨言论等在全球范围内充斥着公共空间，公共沟通已经变得困难，产生了"混乱的公共领域"。[①]社会效益导向的法律法规如何在互联网空间发挥作用，将是未来全人类面临的重要课题。

---

① Bennett W L, Pfetsch B. Rethinking political communication in a time of disrupted public spheres[J]. Journal of Communication, 2018, 68(2): 243-253.

第七章 人的消失：新闻泡沫中的媒体"人"

这一章，我们来谈谈人。这是个很难聊的话题。一方面，媒体人有其职业的一面；另一方面，作为社会人的媒体人需要面对不同的社会问题。媒体人的职业及其社会性不可以绝对分割，就好像你不可能阻止一名医生在家中谈及健康的话题，也不能阻止一名教师教育自己的孩子。媒体工作的社会性与媒体人作为社会人与职业人的双重身份，也伴随着媒体环境和媒体技术的发展而不断变化。因此，要谈论这个问题，我想首先明确以下几个点。

首先是媒体人的定义，什么是媒体人。

其次是在数字环境下，媒体人经历了哪些转变。

最后，我们或许可以开启下一章（第八章）来谈谈未来的媒体人是什么样的。

第一节 在新闻中游泳的人

首先，关于什么是媒体人。在写这本书的时候，我回想起自己刚刚进入媒体行业的经历。我大学毕业的第一份工作是电视台编导，每天看着满屏幕的图像，报道的是一个特别专门的领域（气象）而不是大众领域话题。我发觉自己不适合这个工作，于是辞职进入了一家杂志社，开启了我所谓"文化经济"记者的生涯。杂志是半月刊，每两周出刊，因此节奏算不得快，但我依然会在截稿日前疯狂赶稿，至今QQ空间签名里还留着"我不困，我今天肯定能写完"诸如此类的话语。后来我又跳槽到了互联网公司，不同于以前做杂志记者经常出差和外出采访，互联网新闻人每天面对最多的是电脑。我个人的经历就是技术影响新闻行业的一个小小缩影，虽然先进电视台后来去纸媒的经历与媒体线性发展历史稍有不同。

互联网技术发展和应用已今非昔比，自门户网站出现20年间，基于互联网传播的网络新闻业态也发生了巨大变化，媒体人当然包括新闻门户网站从业者。现在的问题或许是，平台的运营者、自媒体人是媒体人吗？自动新闻里的机器人、算法是媒体"人"吗？

在这里，我们之所以使用媒体人这个概念，是因为从狭义角度看，记者是指采访和编辑新闻的人，而媒体人的概念相对更加宽泛。1954年，国际记者联盟曾通过一个关于记者行为的宣言，对记者是这样界定的："记者指从事采集、播送、传播和评论新闻及信息的人。"[1]2009年10月15日，中国开始施行的《新闻记者证管理办法》明确新闻记者是"新闻机构编制内或者经正式聘用，专职从事新闻采编岗位工作，并持有新闻记者证的采编人员"。同年，新闻出版总署通知指出，新闻机构中党务、行政、后勤、广告、发行、经营、技术等非采编岗位人员；新闻机构以外的工作人员，包括为新闻机构提供稿件或节目的通讯员、特约撰稿人、特约记者；专职或兼职为新闻机构提供稿件的党政机关、企事业等单位的工作人员以及其他社会人员；高等学校校报工作人员；非新闻性报纸、期刊以及无新闻采访业务的其他期刊工作人员；在新闻采编活动中因违法违纪受过严重处罚的人员以及有不良从业记录的人员，均属于不符合颁发记者证的行列。[2]随着行业形势的变化，2014年10月29日，国家互联网信息办公室和国家新闻出版广电总局联合下发《关于在新闻网站核发新闻记者证的通知》，通知要求，在全国新闻网站正式推行新闻记者证制度。全国范围内的新闻网站采编人员由此正式纳入统一管理。

---

① 方延明.新闻记者的使命、角色与特点刍议[J].新闻记者，2010(2): 14-17

② 新闻出版总署紧急通知：六类人员不得申领记者证[EB/OL].(2009-07-31)[2023-09-10].http://www.gov.cn:8080/govweb/fwxx/wy/2009-07/31/content_1380301.htm.

2005年，中国劳动保障部就将网络编辑列入新兴职业。网络编辑指利用相关专业知识及计算机和网络等现代信息技术，从事互联网站内容建设的人员，其工作内容主要涵盖：（1）采集素材，进行分类和加工；（2）对稿件内容编辑加工、审核及监控；（3）撰写稿件；（4）运用信息发布系统或相关软件的网页制作；（5）组织网上调查及论坛管理；（6）网站专题、栏目、频道的策划及实施。[①]

　　除了网络编辑外，国内学者还提出了网络新闻从业者的概念，但也没有更深入阐述，基本上都延续了上述网络编辑的定义。张志安、陶建杰的研究就将网络新闻从业者定义为新闻网站中与新闻采集、编辑、制作等新闻生产活动直接相关的从业人员，包括国内、国际、社会、军事、体育、财经、娱乐等频道的采编人员。[②]从定义可以看出，目前对网络新闻从业者的界定是对这一职业中庸且相对平实的概括。在强调网络新闻从业者的主观性方面稍显不足，而且由于目前互联网内容生产这一内涵不断扩大，网络新闻从业者的范围应该较网络编辑有所扩大。除了对内容进行生产制作，目前的网络新闻从业者还要有对数据进行分析整理加工、对内容产品进行推广包装的能力。

　　因此，本书认为，网络新闻从业者是新闻网站的新闻编辑室或内容平台中，从事新闻信息的采集、编辑、制作、包装、运营、推广及用户互动等活动的相关人员，可以按纵线和横线划分：纵线包括采、编、运营、商务等；横线包括国内、国际、军事、体育、文化、娱乐、历史、财经等。

　　这一系列概念中还有两个概念需要澄清：关于媒体人和从业者，不仅是用词上的变化，还反映了新闻主体的变化。媒体人的职业合法性源于所在媒体的资质，那些未取得合规的新闻资质的机构，或者在取得新闻资质的新闻机构从事非规定业务的人，暂时不适合被归于媒体人行列。从业者的范围就更加宽泛，不仅包括了在新闻机构的工作人员，例如广告、发行、经营人员和技术人员，也包括了目前出现的众多新兴新闻主体，如自媒体人等。

---

① 行水.28 种新职业的解读版本[J].职业技术教育，2005(9)：44-59.
② 张志安,陶建杰.网络新闻从业者的自我审查研究[J].新闻大学，2011(3)：153-157.

第二节　新闻泡沫还是浪潮？

为什么是新闻泡沫？为什么是新闻泡沫而不是浪潮？泡沫和浪潮正如数字新闻时代，新闻和信息难以区分的状态。相比浪潮，泡沫可能会让身在其中的人迷惑或者迷失，无论是在浪潮中奋力前进还是在泡沫中挣扎向前，似乎都能概括当前媒体人的状态。

流动的新闻业态也被称为"液态新闻"（liquid journalism），荷兰新闻学者马克·德尔兹（Mark Deuze）受社会学家鲍曼的"液态社会"与"流动现代性"概念的影响，提出"液态新闻"概念——新闻工作是在更流动和偶然的空间内进行的，一系列非传统的参与者，如非政府组织、社会活动家，甚至算法、无人机等在进行收集和生产新闻的活动。[1]新闻学再次从社会学科汲取了养分，用以充分说明自身所处的位置。与液态新闻类似，加拿大英属哥伦比亚大学新闻学学者阿尔弗瑞德·赫尔米达（Alfred Hermida）提出了环绕新闻（ambient journalism）的概念。它依托一种广泛、即时、流动、轻量（lightweight）、永远开放的传播系统，Facebook、Twitter等社交平台促进了新闻、信息或准新闻形式（para-journalism forms）以片段化的形式从官方渠道或非官方渠道的即时传播，其依赖于环绕媒介所建立的感知系统和意识系统（awareness system），这种系统提供了永远在线的收集、传播、分享、展示新闻和信息的手段。[2]更早之前，BBC编辑指南和标准委员会主席伊恩·哈格里夫斯（Ian Hargreaves）提出了"环境新闻"（ambient news），用来描述社会中到处都充斥着新闻的环境。[3]

---

[1]　Deuze M. The changing context of news work: Liquid journalism for a monitorial citizenry[J]. International Journal of Communication, 2008(2): 18.

[2]　Hermida A. Twittering the news: The emergence of ambient journalism[J]. Journalism Practice, 2010, 4(3): 297-308.

[3]　Hargreaves I. Journalism[M]. Oxford: Oxford University Press, USA, 2003.

一、商业环境变化

目前，有相当一些记者"勇敢"地抛弃了原有身份，成了流动业态中的自媒体工作者。有一些成功了，也有一些并不那么成功。在话语转换的过程中，反倒是一些非新闻专业人士取得了成功。一些受欢迎的新闻视频往往摆脱了大型传统媒体的模式，有时候一个人就是一个频道。这些自媒体视频主播从在地性、贴近性或者专业性等各个维度吸引着分散的受众。

2015 年，南都报系运营中心副总经理栾春晖撰文总结了中国媒体人的几次离职潮。离职潮 1.0 时代在 2000 年左右。伴随着门户网站的发展，搜狐、新浪等网站挖掘了一批优秀新闻人才加入。由于他们大都是原单位的骨干力量，在门户网站中居于编辑部门的领导位置，于是又连带着吸引了诸多新闻中坚力量加入。离职潮 2.0 时代主要是商业转向。一些媒体人凭借良好的商业关系，纷纷离职转向公关、宣传等业务，不乏创业或加入大企业从事公关业务的。离职潮 3.0 时代可以被看作是思维转向。在传统媒体经历了互联网新媒体的冲击后，收获颇多新思维和新理念的媒体人纷纷向甲方企业流动，但不再局限于公关业务，而是扩展到诸如市场、运营、销售、战略、新媒体、电商等多个领域；还有人围绕新媒体以及文化创意产业独立创业，真正投身到商海之中。而后 3.0 时代的离职潮则是传统媒体人开始进行互联网创业，包括"通过线上产品、线下活动等多种方式手段，诸如私董会、创业新媒体、线下O2O沙龙、投融资服务等，来实现社群圈子的打造和经营"①。

可以看出，四次离职潮中，媒体人的优势在不同年代是不同的，第一次离职潮中，媒体人的优势是过硬的技术素质和报道资源；第二次离职潮中，报道资源和媒介素养已经转换为商业思维；第三次离职潮以及后 3.0 离职潮中，媒体人对社会的观察了解和分析，以及身份积累给他们带来的丰富资源，成为他们的优势。但四次离职潮中有一个问题是不变的，那就是职业认知。在一份调查中，主观阶

---

① 栾春晖.媒体人的几次离职潮[J].青年记者, 2015(3): 104.

层认同方面，超过半数的受访者选择在 4 分以下，均值为 3.40，也就是说，大多数从业者认为自己处于社会中偏下阶层：购房压力大、没时间陪家人、工作压力大和职业前景差构成了网络新闻从业者压力的来源。[①]新闻专业主义带给记者的无形财富荫庇了他们日后职业的发展，但传统媒体无法突破的商业经营问题，也造成了记者收入不高、主观认同低下，进而影响专业主义的进一步发展和规范。

二、把关人与算法的权力

在这种情况下，无论是业态的还是环境的"新闻"，对大众和记者而言都是一个巨大的挑战。互联网出现初期就有人注意到，大量的信息可能会造成信息过载，作为把关人的新闻业者，曾经担负着"守门人"的职责，被分化、被消解。大的科技公司，那些运营着内容平台的公司正在担负起这个责任，他们不仅依靠算法将信息推送给用户，还通过算法判断谁的新闻更可靠。但这个过程对于传统媒体的记者而言，却是陌生和不透明的。即使是让科技公司内部的工作人员来解释这个"把关"的过程，恐怕也很难说清楚。你可能不明白自己为什么会在点击了一次关于瘦身医学进展的新闻后，平台会给你推送大量相关的信息，既有新闻报道，也有自媒体文章，甚至还能收到减肥产品的广告；你可能也不明白，明明自己不喜欢八卦娱乐新闻，为什么平台还会乐此不疲地给你推送大量相关内容。算法如何对每个人进行判断，是极为不公开透明的，即使平台宣称自己并非新闻单位，也不会对算法进行控制，但他们快速地迭代，利用计算机算法对内容进行审核，最终让算法取代了人，使之成为新闻泡沫中的把关人。

让我们回到新闻生产中来，在门户时代，商业门户网站的海量信息主要体现在对传统媒体的集纳。而在平台媒体时代，这种海量还体现在对用户生产内容的集纳。在实现新闻信息采集到呈现的过程中，其所谓的海量和多样性到底是如何实现的呢？

如果说传统媒体把关是"报道什么与不报道什么"，那么平台媒体参与更多的

---

① 周葆华,查建珉.网络新闻从业者生存状况调查报告[J].新闻与写作,2017(3): 17-23.

是"推荐什么与不推荐什么"。理论上讲，由于不具有新闻采编权，平台媒体不存在选择报道的问题，但在实践中，考虑到其巨大的社会影响和用户群体，平台媒体呈现和推荐给用户的新闻信息，是用户认识社会的重要窗口。这个窗口的大小、布局、朝向，决定了用户如何看待社会和事件。

从海量信息的角度看，平台媒体的确为信息的自由流通架起一座桥梁：操作层面上，平台媒体具有页面抓取功能，而且刷新频率非常快，滚动抓取可以由编辑在后台自定义抓取媒体的范围，在内容量上是丰富的。而且不同于传统媒体单一的原创版权结构，丰富的版权结构是平台媒体海量内容的一个突出特点。这不仅是消息的集合场，也是消息的分发场。

但是在推荐上，平台媒体最好的位置有限，内容还是要经过编辑或算法推荐，一般情况下，被网页版或者客户端首页推荐的文章，需要经过编辑的"精编"，即对标题、文字内容、图片进行检查，并对文章关键词进行填写。这一方面保证信息准确性和阅读体验感，另一方面体现编辑的把关作用。但当平台媒体越来越依赖算法后，重要新闻才可能有精编的待遇，一般新闻或自媒体新闻由内容提供者负责排版编辑，极大地节省了人力的同时，也把相应的把关权和筛选权放弃了。

但是，海量信息的呈现与重点推荐中，如何最大限度地保证客观真实？一般来说，用户会自动采用有效的方法对大量不同的新闻源进行筛选和甄别。[①]但在新媒体的具体新闻实践领域，用户自主十分困难。首先，用户必须具有较高的媒介素养，不只是被动地接收媒介的信息，还可以充分利用媒介组合和搜索功能获取自己想要的内容。其次，经过"精编"的新闻，在标题方面更具有显著性，更吸引人眼球，一般情况下会更易于传播。如何克服这种惯性，抓住新闻中的重点，对大多数用户而言难度很大。最后，也是最关键的问题，用户越来越难以从作者层面区分哪些新闻是值得信赖的，或者什么样的新闻是值得信赖的。

---

① Fredin E S, Kosicki G M, Becker L B. Cognitive strategies for media use during a presidential campaign[J]. Political Communication, 1996,13(1): 23-42.

第三节　当专业碰撞现实

新闻人总感觉工作和生活很难分开。因为新闻来源于生活，而生活就是新闻的报道对象。记者除了职业生涯外，还有个人生活、社会生活，记者不仅是记者，也是社会人。

一、当记者在新闻中

长久以来，我们的新闻学研究都较为忽略媒体人的感受，处在采访过程中的记者，往往要面对更多生理和心理的问题挑战，或者受到创伤。

新华社国内部中央新闻采访中心政文采访室[①]主任记者、央视 2003 年"中国记者风云人物"朱玉，曾多次参与重大突发性事件报道，如重庆开县（今开州区）井喷、辽宁海城豆奶、非典等。在 2008 年汶川地震报道后，她在北京一所高校做了分享，讲述抗震救灾前线的故事。她提到，回到北京之后，"连说到北川，我都哭得稀里哗啦"。一个月后，她在《北京文学》杂志刊登了八万字的报告文学《天堂上的云朵》，成为目前为止关于汶川震灾最全面的报告文学。在对话记者时，她说道：

地震之后，我的心理上受到了很大冲击。刚回到成都写稿子，边写边难受，边写边哭，这是我受到的第一次冲击。受到的第二冲击是在回来以后，领导让我去做抗震救灾的报告。去过灾区的记者，大家很默契地都不往深了说这事，因为大家彼此心里知道是有伤痛的。有一次我正准备做报告，突然从后面递过一张纸条，上面写着"老玉，求求你了，千万别说得太细"。没去过灾区的人永远不会理解，我特别能理解。所以我就把有的情节说得快一点，带过去了，不多说了。

---

① 新华社国内部中央新闻采访中心政文采访室是国家通讯社核心业务部门的采访团队，主要承担着党和国家领导人重要内事活动的新闻报道工作，联系中共中央办公厅、全国人大常委会、全国政协、中纪委、中组部、中宣部等多个重要部门，负责党中央重大路线、方针、政策和决议的受权发布、权威解读，同时承担着国内重特大突发事件报道任务。

第三次冲击是《北京文学》的编辑给我打电话说能不能写一个报告文学，我说我不想写，他说为什么？我说，我实在是太痛苦了，这个事提不得。在那，我都躲着电视不敢看；回到北京，一看电视完全就忍受不了，一看就哭，痛哭流涕，甚至严重的时候，一看到"北川"两个字，眼泪一下就下来了，"北川"就是我的催泪弹。有一天晚上我们一家聊得挺开心，突然说北川这个地方是不是有橘子，一下子就扎到我心上了，在那里号啕痛哭达十分钟之久，在这种情况下我写报告文学不是往我身上捅刀子吗？后来人家说我要的就是这种感觉。后来我一想，这可能是对我的一种激励，就用了十几天的时间写了一个报告文学《天堂上的云朵》。

后来我发现，我的痛苦不是在灾难现场的痛苦，这是一个老记者的规律，很多年轻记者瞬间被灾难现场击倒，在那就开始痛苦上了，痛苦到没法工作，闻着尸臭没法吃，没法喝，但我可以吃。老记者开始不哭，但是回来后哭。回来之后痛苦变得深远而绵长，什么时候想起来这事什么时候就难受……坐在那边就默默地掉眼泪，天天晚上以泪洗面，天天如此，有相当长一段时间。

同样是在汶川地震中，央视记者李小萌在路边偶遇了一位挑着扁担想要徒步回乡的老人，记者劝老人不要回去，因为前方还有危险，但是老人执意回家。看着老人转身离去的背影，李小萌痛哭出声。在我们的印象中，电视出镜记者应该是波澜不惊的，但是在面对如此情境时，记者最真实、最人性化的一面，通过镜头画面传递给观众的信息，可能要比正襟危坐更具感染力。同样是地震报道，不少主持人也在播报过程中落泪，即使他们并没有在灾区第一线，但是同事们回传的报道和画面，依然令人动容。[①]

当看到被困废墟中的一位幸存者终于获救的画面时，央视主播海霞感动而泣。讲述灾区一对父母共同守护重伤儿子的感人故事时，辽宁电视台主播金霞泣

---

① 电视主播泪洒荧屏观众称同胞受难不能无动于衷[EB/OL].(2008-05-21)[2023-09-10].https://www.chinanews.com/sh/news/2008/05-21/1257031.shtml.

不成声。

在与为救同伴而受重伤的 12 岁男孩陈浩的母亲连线时，央视主播张羽潸然落泪。

在直播中，四川卫视主播宁远流泪念完四川各地遇难群众的最新数字。

播报一位母亲用生命保护自己的婴儿并留下了一条写着"我深深地爱你"的手机短信时，央视主播文静凝噎抽泣。

在全国哀悼日的直播中，央视主播康辉不禁哽咽。

相比文字，电视媒介有更强的感染力，在面对灾难事件时，对身处灾难和困苦中的同胞的同情是一种基本的、普遍的人性。

数字时代，对情感的诉求越来越明显。不论是出镜记者在镜头前的表现，还是透过社交媒体发酵的报道过程，都有越来越多的情感因素掺杂其中，用户已经不满足于前台的报道，还想要知道更多。

美剧《晨间新闻》第一季第一集中就讲了这么一个故事，布莱德莉·杰克森原本只是一个地方台不得志的记者，在一次采访抗议矿场的报道中，因为有人冲撞了自己的搭档摄影记者，她跟对方起了争执并狠狠地"教育"了对方，这段冲突被人拍下来发到了社交媒体上，布莱德莉原本以为这会结束自己的职业生涯，却因为视频在社交媒体上很快被点击超百万次而意外走红，布莱德莉也因此获得了纽约《晨间新闻》的采访邀约。采访中她沉着应对，回答犀利耿直，获得了在《晨间新闻》工作的机会。而谈及为什么会雇她，电视网的老板归结为——观众需要看到不一样的。

情绪、心理这个词已经变成了新闻人必修的一门课。因为在数字时代，受众希望能够看到信息最真实的面貌，也希望对事件有更直接的评价而不是别人告诉他结论。情感转向也成为新闻学研究的一个方向，吴飞教授就提出，共情作为一种人们普遍具有的情感能力，在虚拟现实的加持下弥合技术与情感之间的界限，实现情感共振的具体路径，并成为媒介赋权的产物。

二、当记者在职业中

如前所述，记者不可避免地带有普通人的情感，也有普通人的生活烦恼，当在线新闻尚未形成对新闻职业的定位时，当记者的工作收入长期维持低水平或难以增长时，当工作获得感受到打击时，对专业新闻内容生产和新闻行业的持续性发展都会有负面影响。

有一段时间，一些记者辞职信在网上流传甚广，可能很少有行业像媒体这样喜欢写离职信的。不同于"世界那么大，我想去看看"这种干脆利落的表达，媒体人的离职信里总是充满了记录与反思，又或者说有一丝丝专业主义情怀与对未竟之理想的不甘。这种情绪，可能正是新闻这个职业带给他们的天然能力——能想，能写，能共情。这有助于我们回忆数字化兴起的这 20 年，媒体行业经历了什么。正所谓春江水暖鸭先知，媒体生态的改变，处在这片水域里的人最先有所感知。

前媒体人比熊贼贼离职信节选：

我真的不喜欢这种感觉不到进步，自己心里又有障碍的感觉，你说这是中二病也好，不成熟也好，什么也好，但我就是不喜欢，深夜里醒来觉得很难受。很想通过提高工作质量的方式去改善，但我发现写了太多稿子以后，我只会用固定的格式写东西，提笔就是"本报讯（记者XX）"，除了那种汉字的排列组合方式，我已经很难再想起别的……另外，"我在制造垃圾信息"的感觉越发强烈。身处娱乐圈的边缘，这个圈子呈现给大众的东西事实上是和真实人性无关的东西，但每个人都试图从里面看出什么来。媒体是圈子与大众的中介，我的工作实际上是把那些东西拆开打散，制造当天就过期的碎片。于我而言，这是一种难以忽视的荒谬。

原《南方周末》记者翟明磊离职信节选：

上周末，我接到以《南方周末》办公室名义发出的通知，现公布如下。

通知翟明磊同志：

你今年上半年的业绩考核情况为，3月和5月考核为"E"，2月和6月的考核空白。按规定应予解聘，编委会经慎重研究，考虑到6月的客观因素，作出如下处理：留用3个月，以观后效。特此通知。《南方周末》办公室2003年8月12日

我接到此信感到心寒，也感到了"周末"已不再是一个有人性的企业。"以观后效"一词不知是何意，作为聘用者与单位，地位应当是平等的。有何资格用这些威胁的口气？更荒唐的是，我并不符合考核的处罚标准（后来解释是搞错了）。之所以对此信感到心寒，应当指出这4个月我在采访中的感受是特殊的。

前《经济观察报》主笔许知远离职信节选：

当身陷一个组织中时，我们很容易就以为这个组织就是整个世界，我们担心一旦离开，是否就意味着安全网的消失，就意味着很多麻烦。如果我的朋友中，尤其是那些年轻人这样想的话，我会理解，却有那么一点疑虑，因为对于一个青年来说，没有什么比勇敢更重要的品质了，那种安全感的消失，往往也意味着新世界的浮现。

无论是用固定的格式写东西，制造垃圾信息，稿件被撤，考核不合格，还是无法在媒体机构里找到归属感，都可能是这些记者选择离职的直接理由。再深入分析这背后的间接原因，不难发现，正是由于媒介活动本身与政治、经济、文化因素互动紧密，媒体人追求高度的职业认同感因数字化时代的到来可能被打破。而媒体长久以来的常规一方面加速了新闻的生产，一方面也限制了记者的内容创作，使创新变得更加艰难。

第八章　人的电子再现：赛博人的新闻具身

2017 年，英国公司 Tesla Studio（与特斯拉汽车无关）开发了一套 TeslaSuit 系统及设备。据其官网介绍，这套系统旨在模拟体验和加速对物理世界的掌握，它结合了触觉、运动捕捉和生物测量学等学科，能够捕捉动作，采用电极电刺激的方式，将触觉反馈传输至身体的任何区域，从轻柔地触摸到体力的消耗以及温度的改变，并能输出运动捕捉和识别生物信息。通俗来说，这套系统所使用的是一种 XR（扩展现实，extended reality，简称 XR）训练方法，能够通过体验式学习技术保留信息并增强参与度为穿戴者提供沉浸式感官，使用户能够安全地体验有压力、危险的场景。目前，这种结合了 VR、AR、XR 和生物测量的体验设备更多被运用在游戏、教育培训等场景中，在传播领域更是有着巨大的想象力。

第一节　虚拟、现实与具身

一、虚拟 + 现实 = ？

首先，我们来弄清楚什么是具身，以及 VR、AR、MR 和 XR 分别是什么。

具身是一个心理学名词，具身认知（embodied cognition）也译作"涉身"认知，指身体在认知过程中发挥着关键作用。认知是通过身体的体验及其活动方式而形成的，其中心含义包括：（1）认知的方式和步骤实际上是由身体的物理属性所决定的；（2）认知的内容是身体提供的；（3）认知、身体、环境是一体的，认知存在于大脑，大脑存在于身体，身体存在于环境。[①]

我们对世界的感知并非将目之所及、耳之所闻、手之所触的信息直接输入，而是会根据大脑的处理方式（可能是经验、期望或者信念）结合起来，形成我们对世界的印象。我们可能会对某个熟悉的人有味道的"记忆"，比如妈妈的味道，换个人可能就体会不到这种味道。这种感知的过程，身体的物理属性通过大脑转译而得到的感知，就是具身的认知。

图 20　橡皮手错觉示意图

图片来源：the-scientist.com，@TAMI TOLPA

大脑的这种身体认知过程可能会受到很多方面的影响，比如"幻肢"现象。认知神经科学家做过一个广为流传的实验："橡胶手错觉"（rubber-hand illusion）。这个实验中，受试者呈坐姿，把自己的手臂放在桌子上。在另一边平行的位置，科学家放置了一只橡胶手，两只手用隔板隔开。实验者同时敲击或抚摸橡胶手和真手，这时候受试者由于看到橡胶手时也感受到了刺激，会产生一种橡胶手就是自

[①]　叶浩生. 具身认知：认知心理学的新取向[J]. 心理科学进展，2010, 18(5): 705-710.

己手的错觉，当实验者停止刺激真手时，受试者的这种感觉依然存在，大脑将触觉刺激和视觉刺激整合在了一起，人对身体的认知出现了错觉（见图 20）。当然也有人对这种暗示效应实验的科学性提出了质疑，认为参与者很有可能预期到这些案例之间存在差异。[①]

虚拟现实（VR）大约出现在 50 多年前。1965 年，美国知名计算机科学家、"计算机图形学之父"、1988 年图灵奖得主伊凡·苏泽兰（Ivan Sutherland）提出了 VR 的想法，因此他也被称为虚拟现实之父。在 50 多年的发展历程中，VR 经历了被追捧、被遗忘再到被重视的过程，现在在医学、商业、心理、游戏等不同领域展开了各种各样的应用。在最初的设想里，虚拟现实可以实现很多互联网的应用，事实也的确证明了这一点，国内外有大量的实验研究和应用开发正致力于此。从字面上理解，虚拟现实首先是基于现实的，也就是说现实中可能发生的任何情况都可以在虚拟现实中得到还原，所以它依旧是物理世界的展现。在新闻界，2015 年《纽约时报》推出了 VR 移动客户端，并生产了十几部 VR 作品，其内容团队 TBrand 工作室还获得了 2016 年戛纳国际创意节大奖。2016 年初，美国报业集团甘尼特公司（Gannett Company）向广告商展示了自己的新型 VR 制作机构——GET Creative。2016 年 10 月，英国《卫报》也宣布成立两人的团队开发这种媒体。[②]不难看出前几年 VR 在新闻界是个热点应用。

AR 意为增强现实。通俗来讲，VR 是让你看到虚拟的物理世界，AR 则允许你跟现实物理世界进行交互。在各方面看来，AR 都是 VR 的下一步。《卫报》的 VR 项目持续了不到两年，自 2018 年 7 月以来未再生产任何 VR 产品，目前处于停顿状态。甘尼特公司也于 2018 年决定终止该项目，取而代之的是 AR 项目。《华盛顿邮报》从 2017 年起就生产 AR 产品。2018 年，《纽约时报》生产了 13 个不同的 AR 项目，内容从叙利亚爆炸调查报道到欧洲核子研究委员会（CERN）的大型粒子对

---

① AS 科学艺术研究中心:橡皮手错觉源于催眠暗示？又一项著名心理学实验被质疑[N/OL].澎湃新闻.(2020-10-30)[2023-09-10], https://m.thepaper.cn/baijiahao_9686308.

② 辜晓进.新闻业的 VR 正在被 AR 取代?（外 7 则）[J].青年记者, 2019(13): 86-87.

撞。《时代》周刊也在 2018 年推出了自己的首个 AR 产品。[①]

而MR指混合 VR 和 AR，XR 则是 MR、VR、AR 在不同层次的综合应用。所以我们今天再讨论这个问题，不仅是单独讨论 AR 或者 VR 给新闻业带来了什么新的表现形式，还要认识技术对物理世界的模拟改变的媒介认知。我们有几个关键性的认知需要扭转：一是用户或者受众一词已经不再适用，我们或许更应该称之为体验者或参与者；二是虚拟现实或者增强现实对新闻的改变，不仅在制作端，也在用户端。换句话说，其中既有记者的报道体验、新闻制作方式的变化，也有参与者在接收新闻过程中的装备、状态和心理变化。因此，虚拟现实对于新闻报道的变革是革命性的而不是修补型的。

二、具身 + 互联网 = ？

虚拟现实跟空间的连接是非常紧密的，因为物理世界的最显著特征就是空间，通过虚拟现实打造出来的空间体验，可以让人们足不出户游遍世界各大洲。如果再加上增强现实，还可能跟当地人进行无障碍沟通。如果上述的 TeslaSuit 再进一步开发，你可以闻到面包和花的香气，你甚至可以用手去触摸威尼斯的水、巴黎的埃菲尔铁塔、北京的长城，它们是凉的？热的？软的？硬的？你触摸它的时候，它会给你反作用力，就如同你在现实生活中触摸到的水、铁、砖一样。

增强现实不仅可以打破地理空间的障碍，还能够在数据可视化和现实之间搭建一个桥梁。想象一下你来到一个古城遗址，站在大门口，触摸一下 AR 眼镜，整个古城遗址的方位图就展现在你的面前，让你根据自己的喜好，来选择参观游览遗址的路线；当你站在一处废墟前，眼前千年古城早已不见踪迹，这时候 AR 眼镜能帮你复原真实尺寸的"历史建筑"，耳边传来的是对于这一遗迹的历史介绍，甚至还有一只小鸟从眼前飞过去，千年前的景象与此时此刻融为一体。这并不是什么幻象，在 2020 年国庆期间，国内一家科技公司和良渚古城遗址共同打造的"AR智慧导览"项目，就已经实现了这些想象。

---

① 辜晓进.新闻业的 VR 正在被 AR 取代?（外 7 则）[J].青年记者，2019(13): 86-87.

理论上讲，虚拟现实或增强现实，可以把参与者带到新闻发生的地点，模拟当时发生的事情，让用户有具身体验。不过，与博物馆和文化遗址可以作为文化场馆反复使用系统不同，新闻是转瞬即逝的东西，我们是否有必要耗费精力和成本再现新闻，可能要画个问号。

在现有的实践中，记者已经开始使用这项技术来辅助报道了。2020 年的全国两会期间，《人民日报》记者使用 5G+AR 采访眼镜，当参会者向记者走来或者记者的视线停留在参会者身上时，眼镜屏幕会显示其信息，以帮助记者第一时间了解采访人背景；还可以利用眼镜上的摄像头，进行第一视角的直播，让观众和记者以同一视角了解现场。记者通过手势或者语音控制 AR 眼镜，完成视频直播或录制，通过 5G 进行传输。后方的编辑可以实现屏幕共享，实时互动。

第二节　新闻创新

一、沉浸式新闻

大规模建模新闻场景是一项繁重的工作，但业界已经开发了第一人称视角体验的项目——沉浸式新闻。这里我们之所以使用项目而不是新闻报道一词，相信在了解这些作品的内容后，你会有所感受。

沉浸式新闻是指一种能让观众获得新闻故事中描述的事件或情形的第一人称体验的新闻生产形式。[①]提出这一概念的是世界上第一部沉浸式新闻作品的作者，西班牙记者佩尼亚（Nonny de la Peña）。2010 年，她在数字艺术家韦尔（Peggy Weil）的指导下制作完成了首部作品。这部 VR 作品用虚拟的方法描述了关塔那摩监狱的情景，素材来源于 2002—2003 年关押在关塔那摩监狱的囚犯的陈述。在这个项目里，参与者可以看到自己的虚拟身体，听到来自隔壁牢房的审讯声音。通过前期调查，项目还原了囚犯在接受严厉审讯时真实的身体压力姿势。虽然参与者只是坐在椅子

---

① 杜江，杜伟庭. "VR+新闻"：虚拟现实报道的尝试[J]. 青年记者，2016(6): 23-24.

上体验这部VR作品，但他（她）依然能够感受到来自审讯的压力。佩尼亚的第二部沉浸式新闻作品名为《饥饿的洛杉矶》（Hunger in LA，图21），这次的空间场景从监狱变为了洛杉矶街头，等待食品救助的难民因为低血糖而晕倒，周围的人物据此做出反应。这个项目在2012年的圣丹斯电影节上放映，引发了诸多观众的共鸣。

图21 《饥饿的洛杉矶》项目截图，左图为右侧体验者视角展示

《饥饿的洛杉矶》这类作品更像是纪录片+动画的混合形式，取材于真实的新闻事件，尽可能搜集了事件发生时的声音资料和背景资料，但画面依旧是虚拟动画。2014年，佩尼亚的作品《叙利亚项目》（Project Syria）以"叙利亚"为背景，展现了战争的残酷，让参与者看到、听到、体会到发生在叙利亚的真实爆炸及其后果。此外，还有关于家庭暴力、谋杀枪击事件等类型的沉浸式新闻项目陆续推出。[1]2016年，佩尼亚团队推出了《穿越边界》（Across the Line）项目，结合了360度视频和计算机生成成像（CGI），使用了抗议活动中收集的真实音频、脚本场景和纪录片片段，[2]视频中的人物形象也更加逼真了（见图22）。

---

[1] Slater M, Sanchez-Vives M V. Enhancing our lives with immersive virtual reality[J]. Frontiers in Robotics and AI, 2016 (3): 74.

[2] 作者注：更多详情参考其官网介绍https://emblematicgroup.com/experiences/across-the-line/。

图 22 《穿越边界》项目截图

除了这种纪录片式的沉浸式新闻外，很多更简易、也更低成本的视频使用了360 度相机制作。2016 年,谷歌就投资了一项名为"新闻 360"（Journalism 360）的360 度全景视频项目。2018 年，沉浸式新闻也被纳入普利策新闻奖解释性新闻奖之中，标志着沉浸式新闻的进一步发展。

在中国，2016 年，上游新闻推出国内首个 VR 频道，同年的全国两会报道中，使用虚拟现实技术进行新闻报道的媒体多达 10 余家：一些媒体采用全景视频的形式，如《人民日报》客户端、《经济日报》《法制晚报》、百度新闻等；一些媒体采用了全景图片的形式，如新浪新闻、《财经》杂志和腾讯新闻；一些媒体则二者兼有，如新华社、《光明日报》、网易新闻等。总体来看，各家媒体的新闻形式集中在全景视频和全景图片两种形式上，没有出现利用计算机生成三维虚拟环境、实现人机互动的作品。[①]2019 年，央视新闻客户端正式推出了"VR 频道"。在庆祝中华人民共和国成立 70 周年阅兵式上，中央广播电视总台在长安街两侧设置了 12个 VR 机位，借助"VR+5G+8K"的新技术直播矩阵进行全程直播。[②]在深圳光明新区山体垮塌事故中，财新视频团队联合澎湃新闻、新华社共同完成了"深圳山体

---

① 李晓芳.国内媒体"VR+新闻报道"案例分析——以 2016 两会报道为例[J].现代视听,2016(10): 15-18.
② 贺子宸.央视 VR 新闻的形式系统、纪实原则与媒介融合性[J].当代电视,2021(6):109-112.

垮塌事故"VR系列专题报道。该系列报道包括《深圳垮塌事故现场黄金72小时营救》《深圳垮塌事故救治医院探访》等六条VR新闻，从救援、安置、医护、周边施工情况等多个角度完成摄制。本次事故报道，澎湃新闻采用了VR航拍，新华社采用了VR记者代入式报道，与财新的专题共同组成中国VR首次突发事件集中报道。作为VR新闻制作人，财新传媒视频总监制邱嘉秋认为，VR报道中会遇到很多问题，比如在狭小空间内VR难以展现全景；在VR拍摄环境下，很难与采访对象交流；以及VR报道无法充分考量新闻价值。[①]目前，财新新闻和上游新闻的VR新闻报道都暂时处于停滞状态，没有在该方向上继续发力，一些代表性的VR作品更新也停留在VR话题最火的年份。

二、数据新闻

2012年前后，数据新闻成为新闻学领域的一个热词。数据新闻也被称为"数据驱动新闻"。它指的是对数据进行分析与过滤，从而创作报道的方式。[②]从渊源上说，它与采用统计或量化方法分析数据并生产的精确新闻有相通之处，也与计算机辅助报道密不可分，但它所处的技术环境和报道理念有所革新。有研究认为，数据新闻所分析的数据量级远超传统新闻操作中的数据应用，大数据发展极大助力了数据的挖掘与分析。另外得益于可视化技术的发展，以及网络媒体的出现，互动式可视化效果在新闻作品中的呈现成为可能。最后，以往更多的是文字为主、数据为辅（data for the journalism）或是数据与文字相辅相成（data with the journalism），而数据新闻则是数据为先、文字在后，数据驱动的新闻，在一定程度上改变了新闻生产的思路与流程。[③]

这一领域最先的尝试者包括英国BBC、《卫报》，美国《纽约时报》《芝加哥论坛报》，德国Zeit在线，澳大利亚广播公司ABC等国际知名媒体，以及在线新

---

① 邱嘉秋.财新视频:利用虚拟现实技术（VR）报道新闻的过程及可能遇到问题辨析[J].中国记者，2016(4): 90-91.

② 章戈浩.作为开放新闻的数据新闻——英国《卫报》的数据新闻实践[J].新闻记者，2013(6): 7-13.

③ 章戈浩.作为开放新闻的数据新闻——英国《卫报》的数据新闻实践[J].新闻记者，2013(6): 7-13.

闻网站ProPublica等非营利调查性新闻机构。2010年开始，优秀的数据新闻作品开始出现。2011年，由非营利行业协会全球编辑网（GEN）主办、谷歌资助的全球首届"数据新闻奖"举办，吸引了全球范围内51个国家286个数据新闻项目参加。2011年，在欧洲新闻学中心（European Journalism Centre）和开放知识基金会（Open Knowledge Foundation）的倡导下，BBC、《卫报》《纽约时报》《华盛顿邮报》《金融时报》、Pro Publica、Zeit Online，以及澳大利亚、芬兰、阿根廷等国的资深记者协作撰写了《数据新闻手册》（*The Data Journalism Handbook*），该书对全球读者免费开放，推动了全球数据新闻事业的发展。[①]

以《卫报》网站"数据博客"为例，这个栏目自2009年1月14日上线，至2013年5月，共制作各类数据新闻2500多则，涵盖政治、经济、体育、战争、灾难、环境、文化、时尚、科技、健康等不同领域，采取的形式有图表、地图以及各种互动效果图，数据类型既有量化数据也有质性数据，还有两者兼顾的混合数据。

从新闻操作层面看，数据新闻可以弥补传统新闻宏观叙事的不足，改变以文字为中心的传统新闻叙事方式。[②]从表现形式上看，主要包括可查询的交互地图、动态图表、时间线等。从认知层面看，数据新闻的创新维度主要表现在数据驱动的调查性新闻、数据可视化叙事、数据驱动应用三个层面，关系到从社会表层现实的关注到社会深层现实的挖掘，有助于提供可靠的洞见和预测，而且可视化新闻叙事可适应受众理性认知和感性认知整合的需求。[③]

但就目前的发展趋势看，国内外的数据新闻报道在一定程度上展示了新闻创新和更易为受众理解的努力，但其发展前景尚不明朗。对此，喻国明教授认为，新闻内容的价值来自对数据价值的深度挖掘和关联性分析。大数据新闻的关键不在于数据本身，而在于三个方面：一是用数据讲故事的能力，基于读者的不同地域和兴

① 郎劲松，杨海.数据新闻:大数据时代新闻可视化传播的创新路径[J].现代传播（中国传媒大学学报），2014, 36(3): 32-36.

② 郎劲松，杨海.数据新闻:大数据时代新闻可视化传播的创新路径[J].现代传播（中国传媒大学学报），2014, 36(3): 32-36.

③ 喻国明.从精确新闻到大数据新闻——关于大数据新闻的前世今生[J].青年记者,2014(36): 43-44.

趣图谱定向报道；二是进行个性化推荐和新闻定制；三是对未来趋势的预测性报道。当新闻阅读变成更加愉悦的体验，当定制新闻成为受众接收新闻的常态，当新闻报道可以对事件发展趋势做出更精准的预测时，大数据新闻的春天才算真正到来。①

第三节　情感、道德行为与具身感知

从以虚拟现实或增强现实为技术基础的沉浸式新闻出现、兴起到逐渐归于平静的过程来看，技术推动的报道形式体现了新闻业未来发展的方向。

第一，受众不再是单方面接收新闻信息，作为参与者的受众可以直接感知。具身感知为新闻项目的制作提供了极大的想象力。

第二，具身感知之所以会打动观众，是由于具有冲击力的虚拟现实体验能够触动用户的情感。从某种意义上看，沉浸式新闻也是一种共情新闻。

第三，从客观性上看，沉浸式新闻中，参与者对事件的判断不再是由记者或编辑决定的，因此我们此前所说的转译也好，公平客观呈现也好，权利都转移给了参与者。参与者进一步提高了自身的参与感。

第四，从道德上看，沉浸式新闻可能会侵犯隐私、滥用监控；而真实客观的要求，也对沉浸式新闻制作机构在材料呈现方面有更高的要求。

第五，虚拟现实和沉浸式新闻很难取代传统新闻，也未必适合所有媒体推而广之，但是必须要强调的是，虚拟现实给参与者带来的感知体验和情绪体验，给制作者在多角度平衡信息材料方面带来的启发，都是非常值得新闻从业者进行考察的。

一、元宇宙与数字空间

元宇宙概念是互联网行业持续关注的热点，商业利益是其外在推动力，但从内在发展考虑，"元宇宙"空间概念会带来丰富的想象力。它促成的新业态，能超越物理空间，在人造空间中形成自己的规则。目前来看，元宇宙终极的接入方案

---

① 喻国明.从精确新闻到大数据新闻——关于大数据新闻的前世今生[J].青年记者，2014(36)：43-44.

可能是脑机接口，通过大脑皮层的电信号交互直接实现人类意识与数字世界的连接。该技术距离商用尚有些遥远，但并不是天方夜谭。

中国的元宇宙项目早有试水，最著名的恐怕要数豆瓣网阿尔法城虚拟社区。这个社区自 2010 年 12 月 27 日上线，经过了热闹、喧嚣最后归于平静、寂寥，于 2015 年正式宣布关闭。2015 年 3 月，澎湃新闻发表文章《消失的虚拟城市：豆瓣"阿尔法城"首次考古发掘报告》，对阿尔法城做了详细的介绍，以下这些介绍来自这篇文章，我们可以通过这份"考古"资料来看看这座城与元宇宙有何区别和联系。

"阿尔法城"与法国导演让-吕克·戈达尔 50 年前导演的电影《阿尔法城》（*Alphaville, une étrange aventure de Lemmy Caution*, 1965）同名。该片讲述了化名为约翰的雷米·柯雄侦探进入未来都市阿尔法城的冒险故事。这座死寂冰冷、无情无爱的未来都市由一台名为"阿尔法 60"的超级计算机控制，所有市民都受计算机逻辑管理，若有违反者，都会被枪决。生活在这里的人们表情木讷，思维受到严格控制，丧失了一切人性中的喜怒哀乐。来自另一世界的密探雷米·柯雄 [埃迪·康斯坦丁（Eddie Constantine）饰] 开始了对阿尔法城的探索，他的主要目的就是将这座城市的设计者万布翰博士 [霍华德·沃侬（Howard Vernon）饰] 带回自己的世界。在探访的过程中，他结识了万布翰博士的女儿娜达莎 [安娜·卡里娜（Anna Karina）饰]，两人相爱了。然而娜达莎没能完全摆脱"阿尔法 60"的控制，约翰也被逮捕了，判为死刑。影片可以看作是对未来技术和未来人类的反思。①

"百度文库"中一篇名为《豆瓣网阿尔法城广告策划》（作者：Nicky）的文献保留了"阿尔法城下层文化"的基本形貌，如图 23 所示。

---

① 市政厅. 消失的虚拟城市：豆瓣"阿尔法城"首次考古发掘报告 [N/OL]. 澎湃新闻, 2015-03-24 [2023-09-10]. https://www.thepaper.cn/newsDetail_forward_1314256.

图 23 "阿尔法城下层文化"格局

阿尔法城早期居民（简称"阿尔法人"）生活在 A ～ F 六个区域。每个区域约有四五条街道不等，总计 76138 人，每区人口平均约为 12690 人。对早期"阿尔法人"的口述史研究显示，包括"小孔成巷""Rock"在内的街道名称是通过"投票"方式确定的，每条街道聚集了对该街名内涵保持强烈认同感的居民。比如热衷"摇滚"的用户，更多倾向"Rock"街名。由于早期数据自然丢失等因素，无法获悉街道内部居民活动的具体情况，也未进一步见到电子遗物等文化遗存。但《阿尔法城的重来》（作者：fzfasfafhrred）记录"随着城内内容的迅速空洞化（差不多除了街名投票就没什么好干的了，而街名投票也慢慢失去了吸引力），以及它与豆瓣主站广播的隔离状态，居民们纷纷放弃了这个多余的鸡肋，而重新回到了从前的轨道"。可见，在"阿尔法下层文化"中，很可能没有产生足够丰富的内容。2011 年 9 月 1日，阿尔法城改版，"阿尔法城上层文化"出现，原先的 A ～ F 区，被改造为六个街坊，分别为"一坊到六坊"。每个坊又分为三个部分，以"三坊"为例，共有"三坊、三甲坊、三乙坊"三个单元组成。"上层文化"除了坊、街数量急速增长，增幅分别为 200% 和 384.6% 之外，还出现了新的机构"小店"。在"阿尔法城上层文化"中，小店的设计容量为 1764 个。与街、坊共同增长的，还有设计人口规模的进一步提升，"新阿尔法城"的理论人口容量为 18.9 万人。以次级坊"三甲坊"为例，这个街区分别拥有：不知道、社透路、三甲四街、Nou Camp Road、飞虎山路和拾光巷六条街道。它们或许各自代表：好奇者、内幕爱好者、谦虚者、巴萨球迷、传统文化爱好者和时间回忆者。那么，"阿尔法城上层文化"中的街道数量为（9+6+6）×6=126（个）。则潜在拥有 126 种不同风格的"同人"群体（见图 24）。

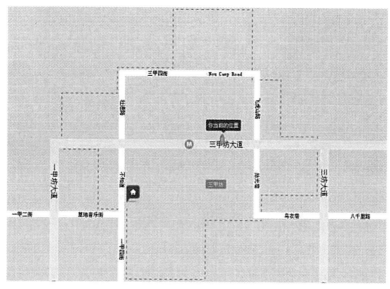

图 24 "三甲坊"六条街道概览

阿尔法城是兴趣社交的元宇宙雏形。新闻业中有元宇宙编辑室，2021 年，韩国的《经济新闻邮报》（*Maeil Business Newspaper*）在一个新的共享世界——"元界"举行了新闻编辑室会议，编辑和记者通过 SK Telecom 的 Jump-Virtual Meetup 平台从不同地点聚集在一起，使用他们选择的头像（见图 25）。其官方说法是这个想法旨在增强对虚拟世界的理解，并为未来的新闻业带来革命性的变化。但我们看来这更像是一次抢占先机的新闻人自我宣传。而且"元界"跟腾讯会议、钉钉会议等没什么本质区别，但考虑到线上视频会议和教学过程中很多人不愿意打开自己的摄像头的现实情况，或许这种虚拟的"元宇宙"会议会被更多人接受呢。

图 25　"元界"编辑室会议

当然也有稍微复杂一些的，比如在网络空间开办媒体，而且这种尝试并不是近几年才开始的。2003年6月，旧金山公司Linden Labs推出了名为《第二人生》（*Second Life*）的大型多人在线角色扮演游戏。这个游戏没有固定的叙事，用户可以参与创造游戏中的世界，用户在游戏中建立社区、经营企业，与现实生活中的人生无异。游戏推出不到一年时，《第二人生》中就出现了一家报纸，它由哲学和语言学教授彼得·勒德洛（Peter Ludlow）发起，最初这是在另一个名为The Sims Online的平台上进行的虚拟新闻实验，这份报纸叫作《阿尔法维尔先驱报》（*The Alphaville Herald*）。勒德洛教授在《第二人生》中的角色化身Urizenus Sklar因为撰写了反对游戏开发者Linden公司的言论而被封禁，不过这份报纸后来尝试更名为《第二人生先驱报》，专门报道游戏中的个人和公司行为。同时Linden Labs、宝马、美国职业棒球大联盟和美国服装公司等"现实世界"的公司也开始在这个虚拟空间内运营，路透社在《第二人生》游戏里开设了一个虚拟报道部门并指派两名记者报道有关虚拟货币和运营业务的新闻。

二、数字虚拟人

听过小净这个名字吗？你知道TA是谁吗？

2021年，腾讯游戏旗下NExTStudios和新华社联合打造了专门面向航天主题和场景研发的数字记者小诤，她同时也是一位数字航天员，将承担载人航天工程、行星探测工程、探月工程等国家重大航天项目的"现场报道"任务。她是一个虚拟人，采用了女性的外表。据报道，小诤的制作团队由NExTStudios的15名研发人员组成，他们专门找来一位和小诤气质相近的演员作为参考对比，让女演员戴上动捕设备，从模特服装等基本素材的扫描采集，身体、头发、服装、配饰等的精细建模，到人脸绑定、动画设计，光在脸上就种下了10万根汗毛。为了制作更加真实细致的人脸，制作团队在传统的骨骼绑定基础上，还使用了超过5000个BlendShapes（混合形状，即基于模型A的姿势B为一个BlendShape）来细腻刻画角色表情。整个制作过程历时3个月，最终利用基于光学动捕的动画生产管线xMoCap（Motion Caputre），通过动作捕捉技术赋予小诤生命。①

跟在元宇宙里开选题会不同，小诤的任务是在太空发回报道，以她的视角，带着用户游历太空空间站（见图26）。

图26　小诤形象

① 记者小诤空间站发回报道[EB/OL].(2021-06-23)[2023-09-10].https://baijiahao.baidu.com/s?id=1703083648652724502.

小净不是第一个数字记者。2018 年 11 月，在乌镇举行的第五届世界互联网大会上，由新华社与搜狗公司联合打造的"新小浩"首次亮相，是全仿真 AI 主持人。"新小浩"有一位真人原型——新华社记者邱浩。2019 年 3 月 3 日，女主播"新小萌"正式上岗。2019 年"3·15"晚会，搜狗联合央视财经频道推出 AI 合成主播"姚小松"。[①] 此外，搜狗打造了自有 AI 合成主播"雅妮"；北京互联网法院联合搜狗上线首个 AI 虚拟法官，能为公民提供"智能导诉"服务。

图 27　AI合成主播新小浩

2020 年 11 月 6 日，韩国 MBN 电视台推出韩国首位 AI 主播，并顺利播报了当天的主要新闻和若干条快讯（见图 27）。[②]

在谈及为何要使用 AI 主播播报新闻，大家都认可 AI 主播可以 24 小时不间断直播，而且不易出错。但是也有人认为，AI 主播存在播报形式单一、开放场景缺乏互动、内容深度挖掘不足等问题。[③] 但无论现在的判断如何，技术肯定会向着更高一层级发展，越来越多的人工智能元素会被用到新闻传播中。比如现在的 AI 合

---

① AI合成主播"新小浩"成 2019WAIC 亮点搜狗 AI 布局前景无限 [N/OL].中国青年报.(2019-09-02) [2023-09-10].https://baijiahao.baidu.com/s?id=1643566378836357670.

② 韩国首个 AI 女主播诞生:可 24 小时工作网友感慨"以假乱真" [EB/OL].(2020-11-12)[2023-09-10]. https://baijiahao.baidu.com/s?id=1683127010962206205.

③ 李惠文.虚拟播音主持与传统播音主持的发展创新 [J].传媒,2021(13): 44-46.

成语音技术，就已广泛应用到新闻播报中；在课堂上做新闻报道视频作业时，也有很多同学使用AI合成语音来进行播报，真假难辨。在这个过程中，人们要思考的是新闻业立足和发展的根本性问题。在我看来，新闻专业的同学有必要锻炼表达和沟通能力，不能认为自己不具备播音主持的条件，就让位给AI。因为每个人的声音和语言表现能力是独一无二的，声音的表达有时候也代表了观点和情绪，代表了沟通的能力。我们不能因为有人工智能语音，就放弃这项新闻业的基础能力。

尽管技术被寄予厚望，要将新闻业从创新的泥沼中拯救出来，但其效果需要我们再继续观察。

第九章　克服限度：消失、复兴与新生

　　如果你想了解新闻业，去看看那些描写与记录新闻工作的文字或影视作品，比如水门事件、"9·11"事件、汶川地震、奥运会开幕式等背后的故事。你应该可以感知和描述新闻业的作用：它是令人惊喜的、激动的，充满生机的，还是处处危险的，布满荆棘的；是令人动容落泪的，还是使人雀跃鼓舞的。但这些都不是本质，永恒的本质是：如果"新闻"成为每个人生活中的一项工作（今天尤其如此，看新闻、评新闻，甚至传递新闻都包括在内），观看、拍摄、记录成为一种生活方式时，我们就必须考虑"专业新闻"的合理性和存在意义。

　　新闻当然是有意义的，但这种意义在技术的裹挟下会被动摇，因此观察者必须慎重地思考"新闻会消失吗"这一问题。

　　首先，要承认"新闻"作为一门社会科学，必须有勇气面对来自各界的质疑，但也不应妄自菲薄，因为坚守新闻生产专业原则并不容易。比如自媒体旅游博主偶尔请假放松，他们给出的理由都出奇一致：在路上时，要用更多时间去欣赏美景和思考，而不是每天疲于奔命地生产视频。这样一想，难道我们不应该敬佩那些每天被新闻包围的新闻人吗？他们的生活就是由一次次采访、一次次写作和一次次出镜报道组成，经常会遇到阻力、危险、倦怠，但依旧能够保持频率不断输出质量相对稳定的信息。同律师打输官司、医生出医疗事故相类似，新闻业不能为全部从业者的专业性打包票，也不能为全部媒体和平台的公正性作保。所以当人们质疑新闻存在的意义时，或许质疑某一"条"新闻，或某一"家"、某一"类"媒体更合理。

其次，当技术革新的浪潮到来，要敏锐地意识到技术主义并非我们这个时代的解药。当"技术至上""创新至上"等思维方式和理念入侵人类的"反思系统""人文系统"时，可能会给世界带来更糟糕的问题。比如人们用点评网站来标记旅馆的好坏，那些不懂技术的民宿从业者该何去何从？即使他们会使用，但只有好评多才能在网站上排名靠前，好评要从哪里来？怎么能保证这些好评是自发的而非收买的？比如拍下垃圾投入垃圾桶的过程发到社交网站上求点赞，与世界上那些被垃圾污染的土地和河流，我们更应该关注哪个？是浪费、不分类更重要，还是对人类生命岌岌可危的污染更重要？再比如数据新闻用点图标记犯罪热点地区，造成业主抛售、房价下降、治安环境恶化，陷入死循环。人们常常以为自己利用了技术，其实却是被技术左右。正因为技术会改变乃至重置新闻的接收方式，制造更多信息接收上的不平等，所以专业主义的恒久价值观就越发显得珍贵。

再次，技术也并非一无是处，否则你离开现代技术生活一段时间试试？无论是否愿意，你已经是技术创造的社会生活中的有机组成部分，因为科技发展的目的是为人类解决问题，它来源于人性。无论是X世代、Y世代、Z世代还是任何世代，都应该学会与技术"和谐相处"。有研究表明：一项新技术的寿命是6个月到1年，而人类的寿命远比这个要长得多。从长远看，我们的一生会见证无数新技术，我们可能是技术的发明者，也可能是技术的使用者，但无论如何都应该用科学的眼光和良好的心态来面对它。人性是多样且脆弱的，不能因为负面作用而盲目否定技术，也不能因暂时的便利去挤压未来的生活资源和空间。

最后，意识到追求确定性的限度（limits）和追求统一性的危险，明白自己既是用户，也是产品；既是数据，也是符号。面对技术，人类接受与否，不是非此即彼，非黑即白，全盘否定与全盘接受都会让人迷失自己。比如一些传统媒体一边批评着自媒体的浅薄、跟风，一边在用词、语气、选题上全面"自媒体"化；一边认为自己是公众利益的捍卫者，一边却也难以自已地利用"标题党"制造点击量；使用着最先进的传播技术，视频越来越高清、传输速度越来越快，却在内容生产上鲜有建树，用最低的成本茫然、快速、批量生产新闻，并迅速滑入低质境地。

已故新闻学者约翰·莫瑞尔（John C. Merrill）在《新闻伦理——存在主义的观点》一书多处引用了德国哲学家雅斯贝尔斯（Karl Jaspers，1883—1969）的观点，其中一条就是"高度组织化的社会、向往标准化和一致性的生活方式是人类最大的威胁"[①]，我深以为然。当新闻传递着一致化和标准化时，不同的媒体就失去了存在的意义。理论上讲，1家媒体和100家、10000家并无不同，那为什么还要存在？相比其他行业，新闻从业者见的都是新鲜事，但几乎没什么新鲜事是新闻业发明创造的。人的独特性就在于反思能力，意识不到自己的限度，终究做不成技术的弄潮儿，只会随波逐流。新闻业必须充分地报道社会议题，传递社会的积极建设能力，这才是其存在的意义。

有人说专业主义从未存在过，它可能只是弥漫着自由主义色彩的一种保护壳；也有人说专业主义是西方媒体语境下的概念，不适宜全球通用。如果要问，新闻专业主义会消失吗？我认为它是个伪命题。在比较媒介视野下，或许我们应该更多地去讨论真问题，真问题是：在哪些报道领域，新闻专业会消失？而在哪些领域不会？所谓消失是指完全消散，连一丝痕迹都抓不到，还是存在不完全的消失、变种或者其他的形态？

至少目前，我认为，传统意义上的新闻业也许会逐渐消亡，但作为一种特殊形式的新闻却有着自身的合法性，即关于沟通与信息的美好期待。

[①]　莫瑞尔.新闻伦理——存在主义的观点[M].周金福，译.台北：巨流图书.2003.

参考文献

1　埃默里.美国新闻史:大众传播媒介解释史[M].9版.展江,等译.北京:中国人民学出版社,2009.

2　奥尼尔.算法霸权:数学杀伤性武器的威胁[M].马青玲,译.北京:中信出版社,2018.

3　贝里,费格约德.数字人文:数字时代的知识与批判[M].王晓光,等译.大连:东北财经大学出版社.2019.

4　波普诺.社会学[M].10版.李强,等译.北京:中国人民大学出版社,1999.

5　布尔迪厄.关于电视[M].许钧,译.南京:南京大学出版社,2011.

6　陈晨.网络新闻记者的职业现状与角色重构[D].广州:暨南大学,2011.

7　陈力丹,王辰瑶,季为民.艰难的新闻自律:我国新闻职业规范的田野观察/深度访谈/理论分析[M].北京:人民日报出版社,2010.

8　茨冈年科.世界图书出版与印刷博物馆[M].张养智,熊贵帆,高晶,等译.北京:文化发展出版社,2018.

9　杜骏飞.网络新闻学[M].北京:中国广播电视出版社,2001.

10　梵·迪克.网络社会:新媒体的社会层面[M].蔡静,译.北京:清华大学出版社,2014.

11　梵·迪克.作为话语的新闻[M].曾庆香,译.北京:华夏出版社,2003.

12　哈林.比较媒介体制：媒介与政治的三种模式 [M]. 陈娟, 展江, 译.北京：中国人民大学出版社, 2012.

13　韩炳哲.在群中：数字媒体时代的大众心理学 [M].程巍, 译.北京：中信出版社, 2019.

14　华莱士.互联网心理学 [M].谢影, 苟建新, 译.北京：中国轻工业出版社, 2001.

15　黄天鹏.新闻学名论集 [M].上海：上海联合书店, 1930.

16　基恩.治愈未来：数字困境的全球解决方案 [M].林玮, 李国娇, 译.北京：新星出版社, 2019.

17　金炳华.马克思主义哲学大辞典 [M].上海：上海辞书出版社, 2003.

18　金-尚克尔曼.透视BBC与CNN：媒介组织管理 [M].彭泰权, 译.北京：清华大学出版社, 2004.

19　卡斯特.传播力 [M].汤景泰, 星辰, 译.北京：社会科学文献出版社, 2018.

20　卡斯特.网络社会 [M].周凯, 译.北京：社会科学文献出版社, 2009.

21　雷跃捷, 辛欣.网络新闻传播概论 [M].北京：北京广播学院出版社, 2001.

22　李金铨.传播纵横：历史脉络与全球视野 [M].北京：社会科学文献出版社.2019.

23　李良荣.新闻学概论 [M].6 版.上海：复旦大学出版社, 2018.

24　李普曼.公共舆论 [M].阎克文, 译.上海：上海人民出版社, 2002.

25　里夫金, 霍华德.熵，一种新的世界观 [M].吕明, 袁舟, 译.上海：上海译文出版社, 1987.

26　刘建明, 等.西方媒介批评史 [M].福州：福建人民出版社, 2007.

27　刘亚娟.百国新闻伦理规约英文文献研究 [D].北京：中央民族大学, 2010.

28　罗萨.加速：现代社会中时间结构的改变 [M].董璐, 译.北京：北京大学出版社, 2015.

29　罗萨.新异化的诞生：社会加速批判理论大纲 [M].郑作彧, 译.上海：上海人民出版社, 2018.

30　罗昕.新闻网站新媒体创新应用能力评价 [M].昆明：云南人民出版社, 2013.

31 莫瑞尔.新闻伦理——存在主义的观点[M].周金福,译.台北:巨流图书,2003.

32 尼克尔斯.专家之死:反智主义的盛行及其影响[M].舒琦,译.北京:中信出版社,2019.

33 彭增军.新闻业的救赎[M].北京:中国人民大学出版社,2018.

34 桑斯坦.网络共和国——网络社会中的民主问题[M].黄维明,译.上海:上海人民出版社,2006.

35 商娜红.制度视野中的媒介伦理职业主义与英美新闻自律[M].济南:山东人民出版社,2006.

36 沈士光.公共行政伦理学导论[M].上海:上海人民出版社,2008.

37 舒德森.发掘新闻——美国报业的社会史[M].陈昌凤,常江,译.北京:北京大学出版社,2009.

38 松本君平.新闻学[M].北京:中国传媒大学出版社,2018.

39 塔奇曼.做新闻[M].麻争旗,刘笑盈,徐扬,译.北京:华夏出版社,2008.

40 田野,苗锦锦.中国人的一天:变与不变的中国人[M].北京:中信出版社,2015.

41 涂尔干.职业伦理与公民道德[M].渠东,付德根,译.上海:上海人民出版社,2001.

42 王艳.《新京报》"我们视频"原始团队的新媒体转型研究[D].南京:南京师范大学,2017.

43 王玉环.思想政治与道德修养(上册)[M].济南:山东科学技术出版社,2016.

44 吴飞.新闻专业主义研究[M].北京:中国人民大学出版社,2009.

45 肖亚翠,曹三省,张斌.移动互联:从Web1.0到Web3.0[C]//全国互联网与音视频广播发展研讨会,2013.

46 新闻学概论编写组.新闻学概论[M].2版.北京:高等教育出版社,人民出版社,2020.

47 徐宝璜,胡愈之.新闻事业[M].上海:东方杂志社,1924.

48 杨新发.计算机文化基础教程Windows2000+Office2003[M].武汉:华中科技大

学出版社, 2005.

49　展江.守望公共领域[M].北京:新星出版社, 2016.

50　张红伟.媒介生态学视野下的手机新闻客户端研究[D].北京:中央民族大学, 2013.

51　张举玺.实用新闻理论教程[M].开封:河南大学出版社, 2012.

52　张笑宇.技术与文明,我们的时代与未来[M].北京:中信出版社, 2021.

53　邹涛.叙事、记忆与自我[M].成都:电子科技大学出版社, 2014.

54　Abbott A. Processual sociology[M]//Processual Sociology. Chicago: University of Chicago Press, 2016.

55　Hargreaves I. Journalism[M]. New York: Oxford University Press, 2003.

56　Hughes E C. On work, race, and the sociological imagination[M]. Chicago: University of Chicago Press, 1994.

57　Paterson C and Domingo D. Making online news: The ethnography of new media production[M]. New York: Peter Lang, 2008.

58　Manovich L. The language of new media[M]. Cambridge: MIT Press, 2002.